桥架型起重机主要零部件先进制造技术

陈剑锋　主编

黄河水利出版社

·郑州·

内 容 提 要

本书结合现代起重机械先进制造技术的背景和技术范畴，同时参考最新技术发展动态和研究成果，介绍了桥架型起重机械基础知识、桥架型起重机械起升机构和运行机构的构成、主要零部件制造和装配流程及质量要点，重点介绍了这些零部件的新形式、模块化设计成果、欧式起重机和机器人辅助制造等现代技术。本书特点在于从标准化的视角和工厂实际应用出发，系统地阐述了桥架型起重机械主要机构和零部件制造和装配等方面的内容。本书可作为桥架型起重机械研究、设计、制造单位的技术人员以及普通高等院校机械工程类、材料加工类学生的参考读物。

图书在版编目(CIP)数据

桥架型起重机主要零部件先进制造技术/陈剑锋主编. —郑州:黄河水利出版社,2019.10
ISBN 978-7-5509-2537-3

Ⅰ. 桥… Ⅱ. ①陈… Ⅲ. ①桥梁施工-施工机械-起重机械-零部件-制造工艺 Ⅳ. ①U445.32

中国版本图书馆 CIP 数据核字(2019)第 242247 号

组稿编辑:张倩　　电话:13837183135　　QQ:995858488

出 版 社:黄河水利出版社
地址:河南省郑州市顺河路黄委会综合楼 14 层　　邮政编码:450003
发行单位:黄河水利出版社
发行部电话:0371-66026940、66020550、66028024、66022620(传真)
E-mail:hhslcbs@126.com
承印单位:河南承创印务有限公司
开本:787 mm×1 092 mm　1/16
印张:7.25
字数:170 千字
版次:2019 年 10 月第 1 版　　印次:2019 年 10 月第 1 次印刷

定价:48.00 元

前言

在本书内容策划的时候一直考虑着一个问题，目前量大面广的桥架型起重机械制造技术现状如何、有着怎样的最新技术发展（这里的最新技术发展包括设计理念、制造工艺、使用方式、维护手段等），需要从事桥架型起重机械相关工作的科技研发人员收集、整理、分析和分享，从而为行业发展做出一名工程技术人员应有的贡献，如能达成此目的，也是裨益于社会了。

基于此原则出发，本书成书后有如下四大特点：一是完全体现出起重机械行业的现代设计思想，如业界常称为“欧式葫芦”“欧式起重机”等，这是随着中国加入世界贸易组织后，国外先进技术的引进、智能制造技术的发展以及轻量化、减量化和模块化设计的研究，这些是本书的侧重点；二是大量图形的插入，“一图胜千言”，现代设计思想更多地表现在结构形式的外在体验，所以使用图形更能表明各形式之间的差异和变化；三是相关标准引领的体现，从国内第一台桥架型起重机问世以来已经70多年了，其间各制造单位和业界诞生了很多习惯性叫法，一直以来很多术语和定义已变得模糊不清，为了正本溯源，本书编写过程中力求采用现行有效的国家标准、行业标准或者设计手册中界定的术语和定义，便于读者准确地理解和使用；四是全部数据和工艺都来自企业现用工艺，同时结合了最新研究成果。编写组通过走访企业实地调研、阅读相关文献、网络搜索相关企业官网等方式获得第一手资料，是他们的无私奉献才成就了本书，星星技术之火可以燎遍起重行业。

本书由河南省特种设备安全检测研究院陈剑锋同志主编，由河南省矿山起重机有限公司任海涛同志、河南省特种设备安全检测研究院尹献德同志副主编。章节安排如下：第一章由河南省特种设备安全检测研究院陈剑锋同志、河南省矿山起重机有限公司李峰同志负责编写，第二章由河南省特种设备安全检测研究院林发伟、范卫力同志负责编写，第三章由河南省特种设备安全检测研究院贾森同志、河南省矿山起重机有限公司朱小滑同志负责编写，第四章由河南省矿山起重机有限公司任海涛同志、河南省特种设备安全检测研究院王允同志负责编写，非常感谢他们的辛勤付出。

鉴于编者个人能力和学术水平的局限性，对桥架型起重机械先进制造技术也未能全部洞悉，本书肯定有很多不如意的地方，请广大读者批评指正，也欢迎交流，共同为桥架型起重行业的转型升级和发展，尽技术人员的绵薄之力，如此则达到本书之目的，甚慰。

陈剑锋

2019年5月5日

目　录

前　言

第一章　桥架型起重机基础知识 …… (1)

第一节　桥架型起重机主要分类及构成 …… (1)

第二节　桥架型起重机主要参数及定义 …… (5)

第三节　先进制造技术在桥架型起重机制造中的应用 …… (8)

第二章　电动起升机构 …… (14)

第一节　起升机构常见型式及构成 …… (14)

第二节　起升机构卷筒组 …… (16)

第三节　起升机构吊钩组 …… (25)

第四节　起升机构滑轮组 …… (38)

第五节　抓　斗 …… (46)

第三章　轨行式运行机构 …… (53)

第一节　桥架型起重机运行机构的组成和典型形式 …… (53)

第二节　车轮组/箱 …… (61)

第三节　运行驱动装置 …… (71)

第四节　运行机构装配与质量要点 …… (78)

第四章　电动葫芦 …… (85)

第一节　CD_1/MD_1 电动葫芦 …… (86)

第二节　欧式电动葫芦 …… (90)

第三节　环链电动葫芦 …… (93)

第四节　冶金、绝缘、防爆、洁净葫芦的质量要点 …… (101)

参考文献 …… (108)

后记 …… (110)

第一章　桥架型起重机基础知识

桥架型起重机是“其取物装置悬挂在能沿桥架运行的起重小车、葫芦或臂架起重机上的起重机”(GB/T 6974.1—2008《起重机术语第 1 部分:通用术语》),其金属结构特征和机构性能决定了桥架型起重机广泛使用在车间、港口、码头、货场等生产运输基地,是国民经济生产中重要的物流搬运设备,所以桥架型起重机的性能对提高生产效率、减轻搬运劳动强度有着重要意义。

第一节　桥架型起重机主要分类及构成

按照 GB/T 20776—2006《起重机械分类》,桥架型起重机又可细分梁式起重机、桥式起重机、门式起重机、半门式起重机和装卸桥等。这里的梁式起重机在具体标准体系中现行的只有防爆梁式起重机 JB/T 10219—2011、电动单梁起重机 JB/T 1306—2008;半门式起重机的制作和要求常采用门式起重机的标准 GB/T 14406—2011,而装卸桥的定义在教科书中一般指大跨度门式起重机,但在特种设备目录中则特指抓斗卸船机,所以本书中桥架型起重机以常见的桥式起重机和门式起重机为对象进行介绍。

1.1　桥式起重机

桥式起重机的定义:桥架两端通过运行装置,直接支承在高架轨道上的桥架型起重机。

常见的桥式起重机品种包括以下几种(见图 1-1-1)。

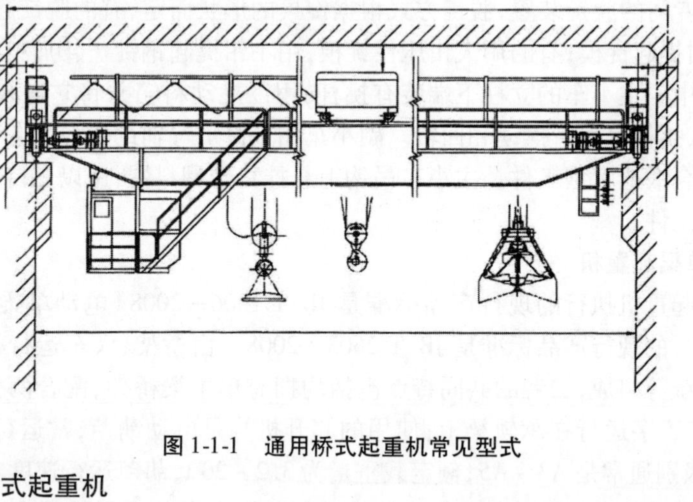

图 1-1-1　通用桥式起重机常见型式

1.1.1　通用桥式起重机

通用桥式起重机执行的现行产品标准是 GB/T 14405—2011《通用桥式起重机》。由桥架、大车运行机构、小车架、小车运行机构、小车起升机构和电气控制系统等组成。根据吊具不同,可分为吊钩桥式起重机、抓斗桥式起重机、电磁桥式起重机以及其他吊具型式桥式起重机,还有吊具组合成两用桥式起重机、三用桥式起重机,工作级别通常是 A3 ~ A8;产品标准中额定载重量为 3.2 ~ 320 t,但已出现报道世界最大起重机为大连重工制造的 20 000 吨多吊点桥式起重机。

1.1.2 防爆桥式起重机

以防爆电动葫芦为起升机构的双梁桥式起重机,执行的现行产品标准是 JB/T 10219—2011《防爆梁式起重机》,是在桥式起重机的基础上,根据 GB 3836.1—2010《爆炸性环境第 1 部分:设备 通用要求》及 GB 3836.2—2010《爆炸性环境第 2 部分:由隔爆外壳"d"保护的设备》设计而成,具有结构合理、外形美观、防爆性强等特点,通常起重量 1 ~ 10 t,跨度7.5 ~ 22.5 m,工作级别 A3 ~ A5,工作环境 -25 ℃ ~ +40 ℃。适用于中轻工作制的机械车间、仓库、料场、水电站的检修和装卸工作。

1.1.3 绝缘桥式起重机

绝缘桥式起重机执行的现行产品标准是 JB/T 8907—2013《绝缘桥式起重机》,绝缘桥式起重机常用于电解车间,由于起吊的重物是带电的,为了防止电流通过起重机金属伤及司机和损坏设备,绝缘桥式起重机的吊钩、小车等部位需加设多道绝缘层,以保证人员和设备安全。

1.1.4 冶金桥式起重机

冶金桥式起重机基本结构与普通桥式起重机相似,由于要在钢铁生产过程中参与特定的工艺操作,所以在起重小车或者吊具方面装有特殊的工作机构或装置。这种起重机的工作特点是使用频繁,条件恶劣,工作级别较高。主要有 5 种类型:①铸造起重机:供吊运铁水注入混铁炉、炼钢炉和吊运钢水注入连续铸锭设备或钢锭模等用。主小车吊运盛桶,副小车进行翻转盛桶等辅助工作。②夹钳起重机:利用夹钳将高温钢锭垂直地吊运到深坑均热炉中,或把它取出放到运锭车上。③脱锭起重机:用以把钢锭从钢锭模中强制脱出。小车上有专门的脱锭装置,脱锭方式根据锭模的形状而定,有的脱锭起重机用顶杆压住钢锭,用大钳提起锭模;有的用大钳压住锭模,用小钳提起钢锭。④加料起重机:用以将炉料加到平炉中。主小车的立柱下端装有挑杆,用以挑动料箱并将它送入炉内。主柱可绕垂直轴回转,挑杆可上下摆动和回转。副小车用于修炉等辅助作业。⑤锻造起重机:用以与水压机配合锻造大型工件。主小车吊钩上悬挂特殊翻料器,用以支持和翻转工件;副小车用来抬起工件。

1.1.5 电动单梁起重机

电动单梁起重机执行的现行产品标准是 JB/T 1306—2008《电动单梁起重机》,电动悬挂起重机执行的现行产品标准是 JB/T 2603—2008。由桥架、大车运行机构、电动葫芦和电气控制系统等组成,二者的共同特点包括均拥有单主梁桥架,配合两头的端梁,像个翻转 180°的"工"字运行在承轨梁上;使用的起升机构是电动葫芦,常运行在单主梁的下翼沿上;工作级别通常是 A3 ~ A5;额定载重量为 3.2 ~ 20 t,葫芦运行速度 10 ~ 20 m/min,起升速度 3 ~ 12 m/min。不同点在于电动单梁起重机大车是在承轨梁上运行,而电动悬挂起重机则是悬挂在轨道上运行。这两个品种起重机的结构简单、自重轻、轮压小,因而被广泛使用在工厂和货仓等场所。

1.1.6　电动葫芦桥式起重机

电动葫芦桥式起重机执行的现行产品标准是 JB/T 3695—2008《电动葫芦桥式起重机》。由桥架、大车运行机构、小车架、小车运行机构、电动葫芦和电气控制系统等组成，桥架结构与通用桥式起重机类似，不过以电动葫芦作为起升机构，桥架采用半偏轨箱型梁，电缆导电，主梁和端梁采用可拆式螺栓链接；工作级别通常是 A3 ~ A5；额定起重量为 3.2 ~50 t，大车运行速度 30 ~ 70 m/min，小车运行速度 10 ~ 20 m/min。适用于轻、中级工作制的车间、仓库、料场等场所。

1.1.7　KBK 起重机

KBK 起重机为组合式起重机，柔性 KBK 起重机为 KBK 起重机中的一种，执行的产品标准是 JB/T 10381—2013《柔性组合式悬挂起重机》、柔性 KBK 起重机的轨道一般是可组合的冷轧型钢或压铸铝合金型材，由于柔性 KBK 轨道的结构特性，KBK 轨道下挂的葫芦多为环链葫芦，所以 KBK 起重机多运用于物料搬运场、轻工业流水线、现代化生产输送线等吨位小、起升高度低的工作场场合。起升速度一般在 0.15 ~ 30 m/min 范围内，工作级别为 M4 ~ M7 级。

1.1.8　欧式起重机

欧式起重机的概念是近些年行业内形成的，是业界区别于传统的桥式起重机的俗称，专业术语中没有欧式起重机这个概念。它综合了国内传统桥式起重机(源于苏联设计制造技术)可靠、通用性好、价格低廉，同时参考先进的欧洲起重机先进技术，结构紧凑、自重轻、节能、低噪音等特点。

1.2　门式起重机

门式起重机的定义：桥架通过两侧支腿支承在地面轨道或地基上的桥架型起重机。又称龙门起重机。

常见的门式起重机品种包括以下几种(见图 1-1-2)。

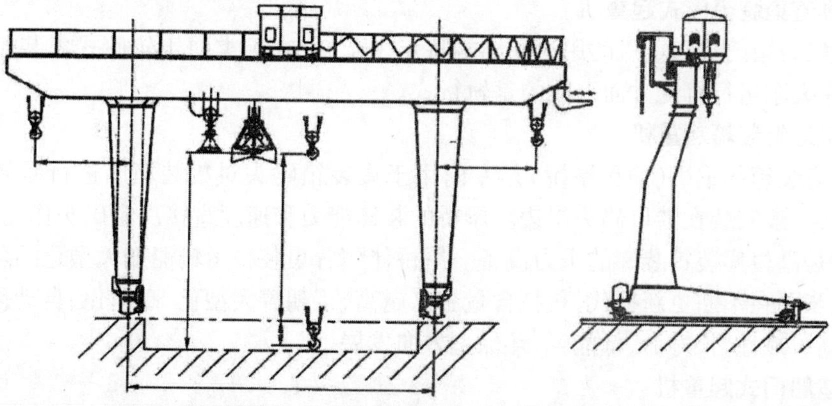

图 1-1-2　通用门式起重机常见型式

1.2.1 通用门式起重机

通用门式起重机 GB/T 14406—2011《通用门式起重机》。与通用桥式起重机相比，其结构型式比通用桥式起重机多了两个支腿，使用场所常是室外，所以在电气设备的防护等级等方面要比一般室内使用的通用桥式起重机较高外，其他基本类似于通用桥式起重机。

1.2.2 电动葫芦门式起重机

电动葫芦门式起重机执行的现行产品标准是 JB/T 5663—2008《电动葫芦门式起重机》。与电动葫芦桥式起重机相比，其结构型式比电动葫芦桥式起重机多了两个支腿，使用场所常是室外，所以在电气设备的防护等级等方面要比一般室内使用的电动葫芦桥式起重机较高外，其他基本类似于电动葫芦桥式起重机。

1.2.3 水电站门式起重机

水电站门式起重机执行的现行产品标准是 JB/T 6128—2008《水电站门式起重机》。水电站门式起重机（在水利水电工程上通常称为闸门启闭机）分为坝顶门机与尾水门机两种。坝顶门机担负着表孔工作闸门、底孔事故检修闸门、深孔事故闸门、工业取水口闸门和拦污栅的起吊工作。尾水门机主要用于起吊水轮机尾水口的闸门。

1.2.4 轮胎集装箱门式起重机

轮胎式集装箱门式起重机（通称场桥）是大型专业化集装箱堆场的专用机械，装卸标准集装箱。它不仅适用于集装箱码头的堆场，同样也适用于集装箱专用堆场。场桥用柴油机交流发电机组供电，采用数字式变频调速，可在集装箱场地内作两个方向移动。配有能起吊 20 英尺、40 英尺集装箱的伸缩吊具。场桥的吊具多采用固定式导板。为了减少吊具的摇摆，装有机械减摇装置；为了对箱方便，装有吊具小角度回转装置；为了能转换场地作业，设有 0°～90°的直角转向机构。大车行走机构可以是四轮或两轮驱动。为防止场桥之间以及场桥与集装箱之间的相互碰撞，设有手动纠偏系统以及大车四角防碰装置。小车运行机械可采用齿条式或双轴、单轴驱动，运行平稳。在小车架下设有驾驶室，司机在驾驶室里操纵整台起重机运行。场桥采用交流或直流调速系统，具有很好的调速和恒功率控制，能根据箱内重量不同自动调节升降速度。

1.2.5 轨道集装箱门式起重机

轨道集装箱门式起重机的用途和结构特点、驱动方式等类似于轮胎式集装箱门式起重机，但在大车运行机构方面采取的是轨行式。

1.2.6 岸边集装箱起重机

岸边集装箱起重机（简称岸桥）是专门用于集装箱码头对集装箱船进行装卸作业的专业设备，一般安装在港口码头岸边。岸桥的装卸能力和速度直接决定码头作业生产率，因此岸桥是港口集装箱装卸的主力设备。岸桥伴随着集装箱运输船舶大型化的蓬勃发展和技术进步而在不断更新换代，科技含量越来越高，正朝着大型化、高速化、自动化和智能化，以及高可靠性、长寿命、低能耗、环保型方向发展。

1.2.7 造船门式起重机

造船门式起重机主要用于船厂中船台拼装船体。该设备常备有两台起重小车：一台有两个主钩，在桥架上翼缘的轨道上运行；另一台有一个主钩和一个副钩，在桥架下翼缘的轨道上运行，两个小车交叉运行，以便翻转和吊装大型的船体分段，具有跨度大、起吊物品可翻转等特点。

1.2.8 装卸桥(桥式抓斗卸船机)

装卸桥执行的现行产品标准是 GB/T 26475—2011《桥式抓斗卸船机》,适用于散货码头的散装物料卸船作业。物料主要为矿山、煤炭等。生产能力常为 500 ~ 2 500 t/h。卸船机技术先进,性能完备,使用可靠,稳定性好,卸船效率高,使用寿命长,维修方便,能满足大运量、高效率和频繁作业的需要。

1.2.9 架桥机

架桥机执行的现行产品标准是 GB/T 26470—2011《架桥机通用技术条件》,支承在桥梁结构上,可沿纵向自行变换支承位置、用于将预制桥梁梁体(包括整孔梁体、整跨梁片、节段梁体、非整跨梁片)安装在桥墩(台)指定位置的一种专用起重机。

1.3 主要机构和零部件构成

根据桥式起重机和门式起重机的定义、常见桥架型起重机类型和特点,其结构组成一般包括桥架、运行机构、起升机构和电气装置四部分,门式起重机还包括支腿(与桥架一起构成门架),本书以介绍机构和主要零部件为主,桥架或门架及电气装置另书介绍,其中起升机构和运行机构的概述如下。

1.3.1 起升机构

起升机构是使载荷升降的机构,常用电动葫芦(作为独立单元的横移驱动装置的载荷起升机构,本书第四章介绍)、起重小车(使吊挂载荷移动的总成,本书第二章第一节)、卷扬机(借助于挠性件从驱动卷筒传递牵引力的起重装置,其型式有卷筒式、摩擦盘式、绞盘式)等部件完成载荷的升降,升降驱动主要靠卷筒的旋转带动取物装置,升降驱动主要是卷筒组(本书第二章第二节),取物装置则比较多样化,如吊钩组(本书第二章第三节)、抓斗(本书第二章第五节)、电磁吸盘等。

1.3.2 运行机构

运行机构包括起重机械运行机构(使起重机运行的机构,常称大车运行机构)和小车或葫芦运行机构(使起重小车或葫芦横移的机构),其主要部件包括电动机、制动器、减速器、车轮、联轴器等零部件(本书第三章第一节介绍),车轮与支承装置为维修和安装方便常集成在一起做成车轮组形式(本书第三章第二节介绍),在目前的减量化设计和模块下设计的总体背景下,制动器、电动机和减速器经常被组合在一起,称“三合一”驱动装置(本书第三章第三节介绍)。

第二节 桥架型起重机主要参数及定义

桥架型起重机的参数是表明设备工作性能的指标,是设备设计的依据,同时也是作业中选用设备的依据,常包括载荷类参数、行程类参数、速度类参数、基本参数等,但对设计和选型有着直接影响的主参数有五个:额定起重量、跨度、速度、起升高度和工作级别,另外还有表征其他性能的参数,如轮压、基距等。

2.1　主要参数

额定起重量:在正常工作条件下,对于给定的起重机类型和载荷位置,起重机设计能提升的最大净起重量。国家标准 GB/T 783—2013/ISO 2374:1983 对 0.1 t 到 1 000 t 范围内最大起重量有标准推荐值,如表 1-2-1 所示。

表 1-2-1　基本型的最大起重量　(单位:t)

0.1	1	10	100	1 000
—	—	(11.2)	(112)	
0.125	1.25	12.5	125	
—	—	(14)	(140)	
0.16	1.6	16	160	
—	—	(18)	(180)	
0.2	2	20	200	
—	—	(22.5)	(225)	
0.25	2.5	25	250	
—	—	(28)	(280)	
0.32	3.2	32	320	
—	—	(36)	(360)	
0.4	4	40	400	
—	—	(45)	(450)	
0.5	5	50	500	
—	—	(56)	(560)	
0.63	6.3	63	630	
—	—	(71)	(710)	
0.8	8	80	800	
—	—	(90)	(900)	

注:1. 应尽量避免选用括号中的最大起重量参数。
2. 最大起重量大于 1 000 t 时,建议按 R20 优先数系选用。

跨度(S):起重机运行轨道中心线之间的水平距离(见图 1-2-1)。

起升/下降速度:在稳定运行状态下,工作载荷的垂直位移速度。

运行速度:在稳定运行状态下,起重机的水平位移速度。

小车运行速度:在稳定运行状态下,小车做横移时的速度。

起升高度(H):起重机支承面至取物装置最高工作位置之间的垂直距离:对于吊钩和货叉,量至其支承面;对于其他取物装置,量至其最低点(闭合状态)。

下降深度(h):起重机支承面至取物装置最低工作位置之间的垂直距离,对于吊钩和货叉，量至其支承面；对于其他取物装置，量至其最低点（闭合状态）。

起升范围（D）：取物装置最高和最低工作位置之间的垂直距离，是起升高度和下降深度的和。

起升高度、下降深度以及起升范围见示意图1-2-2。

工作级别：考虑起重机起重量和时间的利用程度以及工作循环次数的特性。是表明起重机工作繁重程度的参数，由起重机的使用等级和载荷状态共同决定。

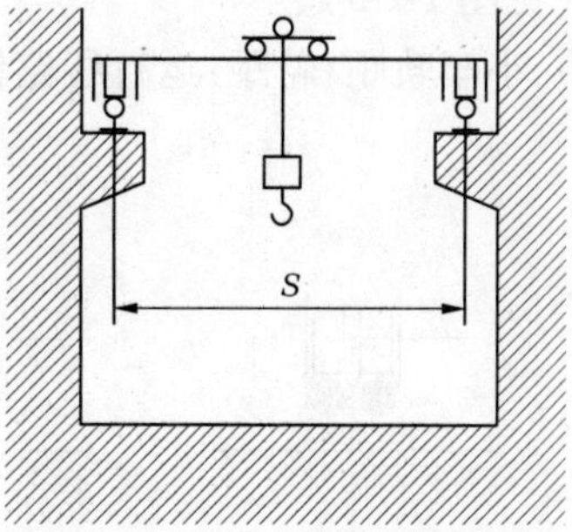

图1-2-1　桥式起重机跨度示意

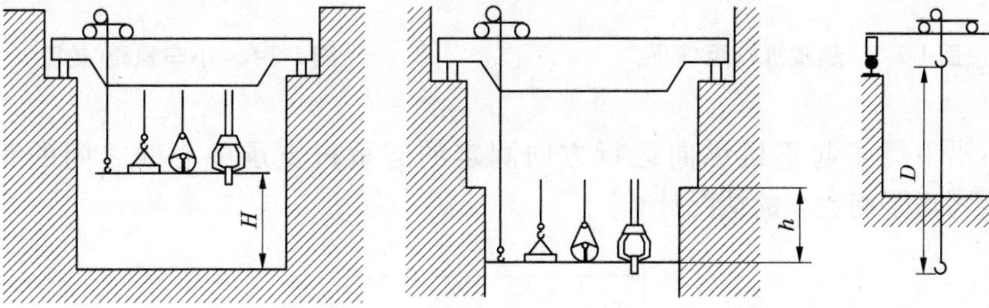

图1-2-2　起升高度、下降深度以及起升范围示意

2.2　其他相关参数

轮压：起重机一个车轮作用在轨道或地面上的最大垂直载荷。

悬臂有效伸距：离悬臂最近的起重机轨道中心线至位于悬臂端部取物装置中心线的最大水平距离（见图1-2-3）。

吊钩极限位置：起重机轨道中心线至取物装置垂直中心线的最小水平距离（见图1-2-4）。

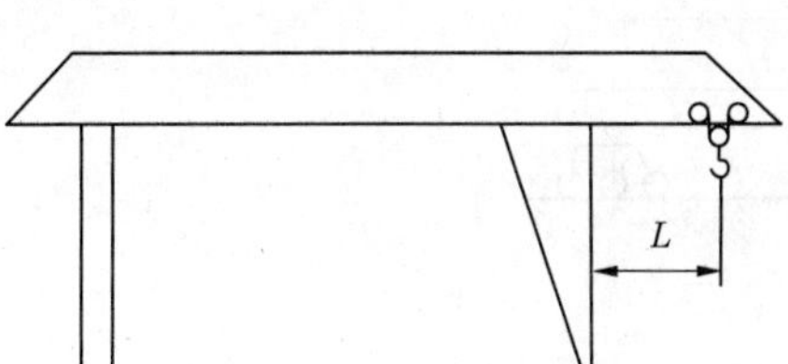

图1-2-3　悬臂有效伸距

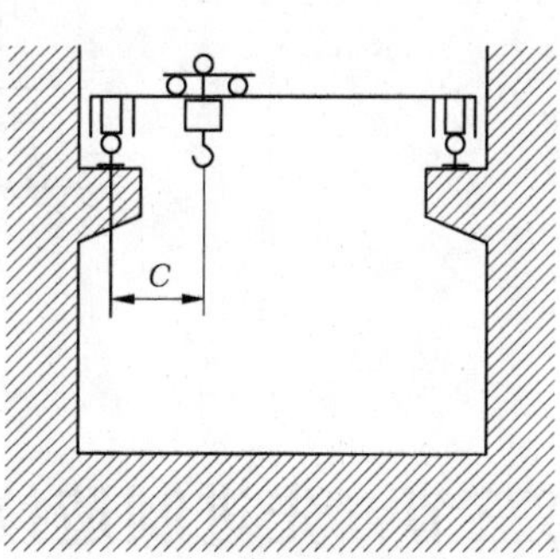

图1-2-4　吊钩极限位置

起重机轨面高度（H0）：从地面（底层面）至起重机钢轨轨道顶面的垂直距离。

起重机基准面或支承面：支承起重机运行底架的基础或轨道顶面的水平面。

起重机轨距/轮距（K）：钢轨轨道中心线或起重机运行车轮踏面中心线之间的水平距

离(见图 1-2-5)。

小车轨距/轮距:运行线路钢轨轨道中心线之间的距离(见图 1-2-6)。

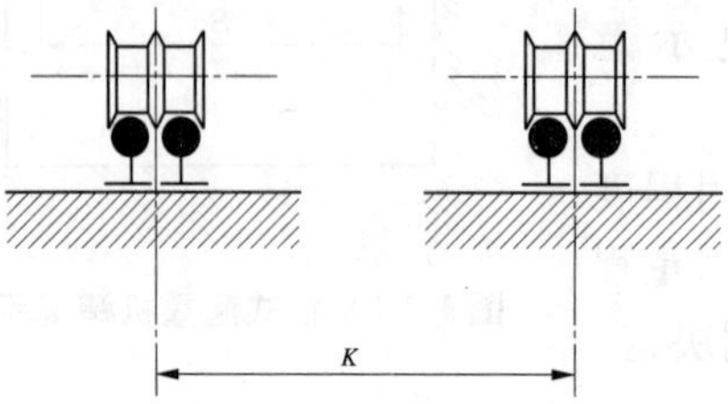

图 1-2-5　起重机轨距/轮距

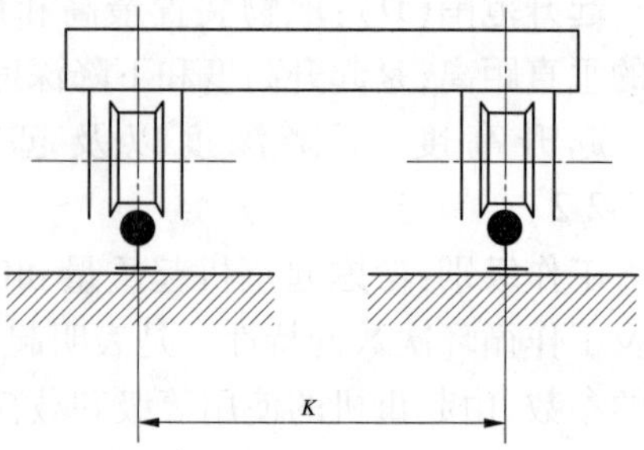

图 1-2-6　小车轨距/轮距

基距:沿平行于起重机纵向运行方向测定的起重机支承中心线之间的距离(见图 1-2-7)(考虑平衡台车的情况计算)。

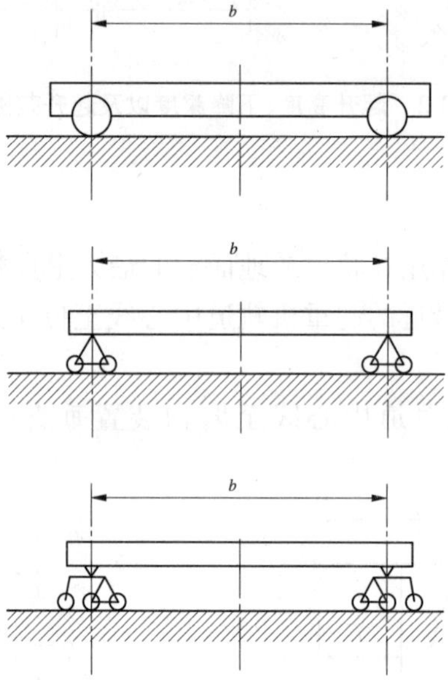

图 1-2-7　基距

第三节　先进制造技术在桥架型起重机制造中的应用

“先进制造技术”一词出现于 20 世纪 80 年代末,在 1994 年美国政府就已批准将先进制造技术列为当今唯一重点支持的科学领域。它是美国学者根据当时本国制造业面临的挑战和机遇,对其制造业中存在的问题进行深刻反省,重新认识到制造业在国民经济中的地位和作用后提出的一个新概念。关于先进制造技术的定义,目前理论界尚没有一个公认的严格定义。有学者认为:先进制造技术是一个技术群,它是以计算机技术为支柱,综合应用信息、材料、能源、环保等高新技术及现代管理技术于产品设计、加工、生产管理和产品销售等制造全过程的制造技术的总称。它的基本内容包括:柔性制造单元(FMC)、柔性制造系统(FMS)、加工中心(MC)、数控技术(CNC)、激光加工、特种加工、机器人、自动检测技术、自动化仓库以及自动化车间、自动化工厂等硬件装备和物料需求计划(MRP)、网上制造技术(e—M)、制造资源计划、计算机辅助设计(CAD)、计算机辅助制造(CAM)、计算机管理信息系统(MIS)、专家系统等软件工具和技术体系。在具体到桥架型起重机方面,有如下几方面突出应用。

3.1 模块化设计思想的大量应用

模块化设计是20世纪50年代在欧美国家正式提出的,在对产品进行市场预测、功能分析的基础上,划分并设计出一系列通用的功能模块;根据用户的需求,对这些模块进行选择和组合,就可以构成一系列功能相同但使用条件和适用范围不同的各类产品。到了七八十年代,模块化设计受到了各国普遍重视,起重机械行业的知名国际公司德国DEMAG公司生产的桥式起重机充分考虑了模块化和组合化,使系列、整理、机构、部件和零件质检的参数匹配,能力分布达到最为经济合理的搭配效果。利用起重量与起升速度的乘积为常数的方法使起升机构主要零件达到最大限度的通用,再通过滑轮倍率的变化派生出更多的规格,5～125 t桥式起重机系列,可设置多种工作级别,需要4种机型的起重小车便可匹配。该公司开发的标准轮箱模块系列,上面有多组联结孔,可选装不同型号的驱动单元组成台车,可与金属结构件组合后用作其他轨行式起重机的运行机构,其车轮有多种踏面形式可供选用,由于不受基距限制,组合灵活,用途广泛。该公司的端梁标准模块已经商品化,与主梁质检采用摩擦环和高强度螺栓的连接方式,提高了互换性和尺寸精度,减少了结合面的建工量,与任意主梁都可快速有效相接,有适用于单梁或双梁两种形式的端梁模块。

近来国内桥架型起重机制造企业也开始普遍采取了模块化设计思想和制造技术,电动葫芦(包括钢丝绳电动葫芦、环链电动葫芦以及气动葫芦等)是最为典型的一种特殊的起升机构模块化产品,既可以单独使用,也可以用在电动葫芦桥式起重机、电动葫芦门式起重机、电动单梁起重机、电动悬挂起重机以及悬臂式起重机等机型上作为起升机构。其他零部件也得到了集成化制造,如车轮组(包括角轴承箱车轮组、剖分轴承箱车轮组和圆形轴承箱车轮组等)和端梁头集成为轮箱结构,由电机、制动器和减速器结合为一体的“三合一”驱动装置等(见图1-3-1)。

3.2 数控技术对现代机床工业发展的影响及应用

起重机械作为机械装备的一种,同样离不开“车、铣、刨、磨、镗、钻、电火花、剪板、折弯、激光切割”等机械加工方法,所谓机械加工,就是把金属毛坯零件加工成所需要的形状的过程,而能完成这些功能的设备都称为机床。伴随着电子科技的发展,机床产业也掀起了数字化的革命,这就是机床的数控化。

所谓数控机床,一般是指传统的机床机械结构配备上数字控制系统,以实现高速度、高效率、高精度的机械加工。其控制系统能够逻辑地处理具有控制编码或其他符号指令

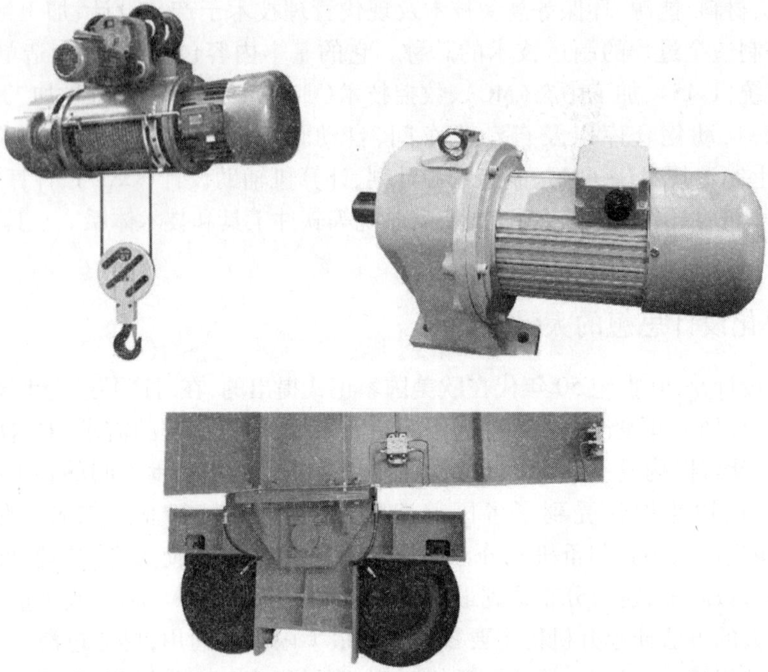

图 1-3-1　电动葫芦图、“三合一”驱动装置、大车运行台车架实物图

规定的程序,并将其译码,从而使机床动作并加工零件。数控机床是现代机械制造业的关键设备,一个国家数控机床的产量和技术水平在某种程度上代表着这个国家的制造业水平和竞争力。过去只用于航空、汽车工业的数控机床,现在已越来越广泛地成为起重机械制造行业的必要设备,而且技术发展也相当快速。我国现在开发出了一批高水平的数控机床新产品,如五轴联动加工中心、数控重型立式车床、数控重型龙门铣床、数控落地铣镗床、高速数控精密车床、数控精密磨床、数控精密电加工机床、大型数控锻压设备等,特别是各种数控复合加工机床尤其引起关注。

数控机床的最大优点是提高了机床的自动化,从而减少甚至消除了操作人员对正在加工中的零件的干扰,采用数字编程技术消减了人工演算、操作的烦琐重复劳动。第二大优点是大大拓展了加工范围,通过计算机的高速插补运算,高速数字传输技术使得复杂曲线、曲面的加工成为可能。第三大优点是提高了加工的精度,数字化技术使温升、悬垂等因素能够得到系统的补偿,从而实现微米级、纳米级的精度加工。第四大优点是其灵活性。要加工不同的加工件,只要通过简单的加载不同的控制程序就可以实现。

在桥架型起重机制造过程中的典型应用,包括了与传统的车、铣、钻、磨、齿轮加工相对应的数控机床有数控车床、数控铣床、数控钻床、数控磨床、数控齿轮加工机床的应用,同时加工中心也得到了大量应用,加工中心备有刀库并可以多轴联动,能自动更换工具,是可以对一次装夹的工件进行多工序加工的数控机床,实际是一种复合式机床。加工中心是高度机电一体化的产品,工件装夹后,数控系统能控制机床按不同工序自动选择、更换刀具,自动对刀,自动改变主轴转速、进给量等,可连续完成钻、镗、铣、铰、攻丝等多种工序,因而大大减少了工件装夹时间、测量和机床调整等辅助工序时间,对加工形状比较复杂，精度要求较高，品种更换频繁的零件具有良好的经济效果，如定梁落地龙门镗铣床加工小车架、复合工艺的车床在车轮的加工中应用等（见图1-3-2～图1-3-5）。

图1-3-2　端梁及小车架一次定位加工设备

图1-3-3　欧式电动葫芦加工中心

图1-3-4　车轮自动加工线

图1-3-5　轴类零件自动加工线

3.3　自动焊接机器人的应用

桥架型起重机金属结构焊接是保证起重机械安全使用的关键环节，传统的焊接质量需要依赖焊工的技能和经验来保证，存在焊缝成形不佳、焊接质量不稳定、效率低和打磨量大等不足，而焊接机器人通过采取6轴联动，同时使用焊前自动寻位赋值、电弧跟踪和防碰撞功能等关键技术,模拟人的手臂和关节,配合焊接变位机的旋转和自动控制系统的控制,可以把工件变位到合适的焊接姿态,实现工件的焊接,有时候焊接机器人不完全是一台而是两台或者多台共同完成,如桥架型起重机械主梁内缝焊接使用了 18 台机械手共同焊接,经过整合后也称这套装置为焊接工作站。这样焊接质量得到了极大的保证,减轻了焊工的劳动强度,提高了焊接工作的效率。

在桥架型起重机制造过程中的典型应用,包括电动葫芦跑车轮和卷筒罩的自动焊接机器人、抓斗机器人自动焊接工作站、主梁纵向焊缝龙门焊接装置以及内缝自动焊接工作站、端梁机器人焊接工作站等(见图 1-3-6、图 1-3-7),这些装置参与了加工制造,还有些工业机器人实现工件的辅助装夹以及辅助搬运,不参与加工制造,如吊钩锻造工艺线的改造,实现了吊钩毛坯在各锻造机之间的搬运等。

图 1-3-6　葫芦外罩焊接机器人

图 1-3-7　跑车墙板焊接机器人

3.4　增材制造与 3D 打印技术的应用

增材制造(Additive Manufacturing,AM)俗称 3D 打印,融合了计算机辅助设计、材料加工与成型技术,以数字模型文件为基础,通过软件与数控系统将专用的金属材料、非金属材料以及医用生物材料,按照挤压、烧结、熔融、光固化、喷射等方式逐层堆积,制造出实体物品的制造技术。相对于传统的、对原材料去除、切削、组装的加工模式不同,这种制造技术是一种“自下而上”通过材料累加的制造方法,从无到有。这使得过去受到传统制造方式的约束,而无法实现的复杂结构件制造变为可能。3D 打印被誉为“工业革命的利器”,正掀起新一轮的技术革新,其优点正在于可以为结构复杂的金属零部件免去开发、开模环节,缩短新品开发周期,节省出更多的人力、财力和时间。而且能够确保金属零部件的力学性能和精度达到锻造件的指标,保证零部件对精度和强度的要求。

3D 打印技术在桥架型起重机上的典型应用是最近一则关于豪氏威马的新闻,起重机吊钩通常采用铸造或锻造工艺制造,而豪氏威马采用的一种叫作“线弧增材制造(Wireand Arc Additive Manufacture,WAAM)”的 3D 打印技术,WAAM 是非常类似于传统焊接,它的原始材料是一根金属丝(这根金属丝不是普通的金属丝,而是高强度抗拉钢),然后通过电弧等离子体束将其熔化,逐层累积。这种独特的电弧和电弧添加剂制造技术可用于生产具有高等级拉伸钢的中型到大型部件,其中包括一个自身打印重量接近 1 000 kg 的大型四爪吊钩。与普通的锻造或铸造方法相比,利用 3D 打印技术制造起重机吊钩不仅意味着更低的时间成本,而且能够确保相对稳定的质量。豪氏威马表示,这次产品交付是海运和离岸工业对 3D 打印技术产品认可的重要一步(见图 1-3-8)。

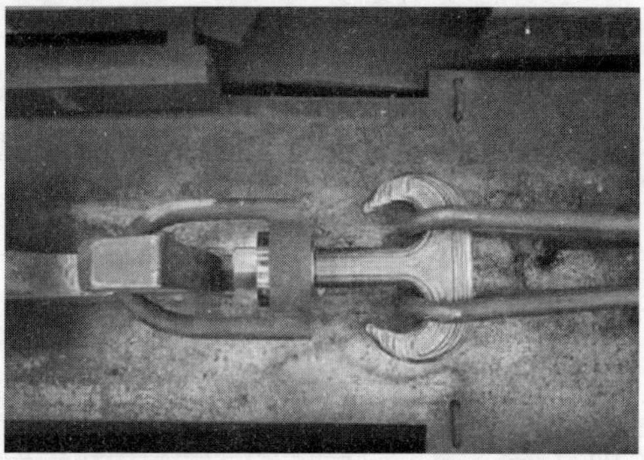

图 1-3-8　3D 打印吊钩及试验现场

3.5　柔性生产线改造

先进制造技术的应用引起了企业组织管理模式的重大变革。在批量生产方式下,企业的组织管理模式主要是功能专业化,采用刚性生产线,各个部门各司其职。当今,机械制造业的生产方式正向着中、小批量生产方式转变,因而企业的组织和管理模式也必须与之相适应。就需要广泛建立和应用柔性制造系统(Flecible Manufacturing System,FMS),即把若干台数控加工系统、物料自动搬运系统及自动上下工件系统、立体仓库等系统集成起来,形成一个完整的生产系统。柔性制造系统是制造业向现代自动化生产发展的基础。

近年来,部分桥架型起重机制造商开始对生产线进行改造,见于报端的包括端梁生产线、主梁罗拉生产线以及车轮车削中心等。

第二章 电动起升机构

起升机构是升降载荷的机构，一般采用卷扬式，随着精确定位和减摇的需要，目前出现了刚性连接的起升机构，取物缠绕装置也不再是传统的钢丝绳或者链条，出现了钢绞线、连杆机构、液压伸缩悬挂杆等形式，但常见的起升机构取物缠绕装置还是钢丝绳和环链形式。

本章涉及的国家标准和行业标准化历史导图见图 2-0-1。

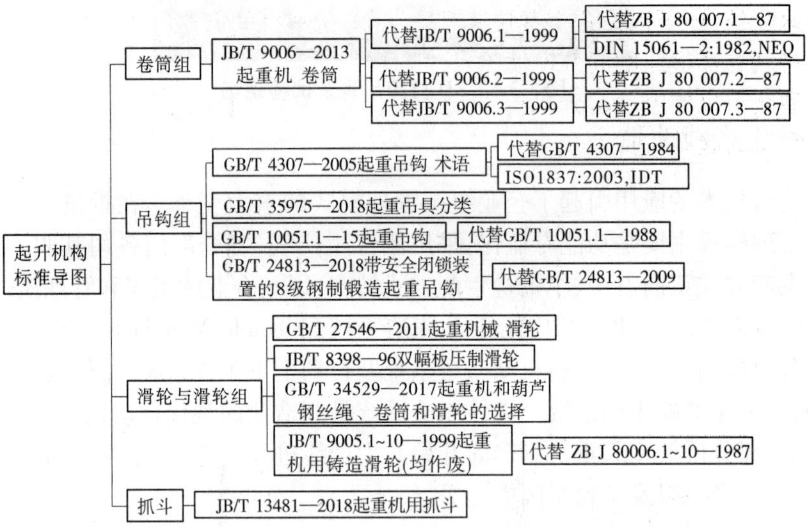

图 2-0-1 本章涉及的国家标准和行业标准化历史导图

第一节 起升机构常见型式及构成

起升机构一般由驱动装置、取物缠绕装置、取物装置等组成。驱动装置包括电动机、联轴器、制动器、减速器、卷筒组等部件。取物缠绕装置包括钢丝绳、卷筒组、滑轮组等。取物装置包括吊钩组、抓斗、电磁吸盘或者挂梁、集装箱吊具等多种形式，尤其是随着目前为满足特定工作需要而研发出了更多的自动智能吊具，如自动开合吊钩、旋转抓取木材的货叉，也有吊具带电动回转功能的，如电动旋转挂梁，以及起升机构直接坐在带回转功能的小车上的，实现吊挂重物的回转功能。

电动机驱动是桥架型起重机起升机构的主要驱动方式，尤其是交流电动机驱动直接能从电网取得电能，操纵简单，维护容易，工作可靠，而且交流电动机已经系列化和标准化，可直接选用，在电动起升机构中得到了广泛的应用。

起升载荷形式的多样性和重量大小决定了起升机构的组成型式、传动部件的型号尺寸和电动机型号。一般情况下，当起重量超过 10 t 时，常设两个起升机构，即主起升和副起升，起重量比率是 3∶1，起重量较大时使用主起升，速度慢，而起吊较轻的载荷时选择副起升，速度快，效率高。当需要抬吊时选择两小车、三小车或多小车，这时要求起升速度一致，额定起重量为单小车最大起重量或联合抬吊起重量的最大值。对于重要场合的起升机构，如冶金起重机，那么在布置起升机构的形式时还要考虑安全冗余，如采取两套减速器构等，但一套机构出现故障时，另外冗余的一套系统能在吊运额定起重量状态下至少完成一个工作循环，或者不能采取两套减速器构时候采取安全制动器等方式，保证充足的安全。

起升速度的选择与起重量、起升高度、工作级别和使用要求有关，中小起重量的起重机选用高速以提高生产率；大起重量的起重机选用低速以降低驱动功率，提高工作的平稳性和安全性。工作级别高、经常使用、要求生产率高的起重机选用高速，反之工作级别低、用于辅助性工作的起重机可选用低速。大起升高度的起重机为了提高工作效率，除适当提高起升速度外，还可以设置空载快速升降功能，如科尼的智能电动葫芦就可根据起重量的大小来自动选择适应的起升速度。

桥架型起重机的电动起升机构主要采用起重小车和电动葫芦，图 2-1-1 是几种桥架型起重机常见的起升机构型式。

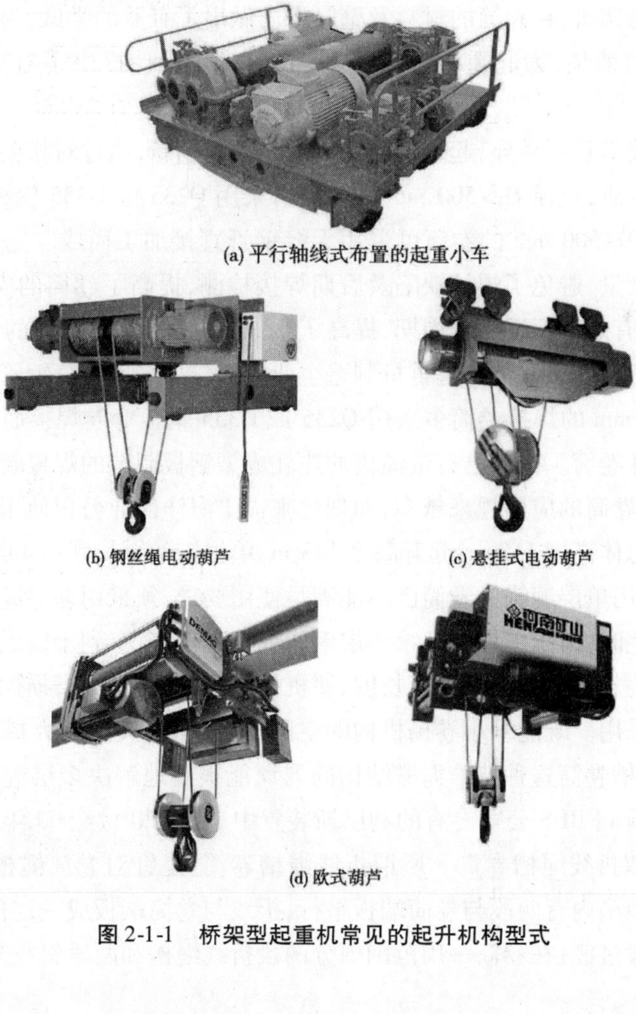

(a) 平行轴线式布置的起重小车

(b) 钢丝绳电动葫芦　　(c) 悬挂式电动葫芦

(d) 欧式葫芦

图 2-1-1　桥架型起重机常见的起升机构型式

第二节　起升机构卷筒组

2.1　概述

卷筒组是起升机构和牵引机构中卷绕钢丝绳的部件。卷绕系统是传动系统的一部分，由挠性元件（钢丝绳或链条）、导向和贮存元件（滑轮和卷筒）组成。它将旋转运动改变成直线运动，起着运动形式的转换和能量的传递作用。

起重机卷筒不仅是起升机构和牵引机构中卷绕钢丝绳的重要部件，也是重量最大的部件，是起重机设计中应重点考虑的部件之一。我国现有的通用桥式起重机 5～50t 系列主要技术多沿用苏联 20 世纪 50 年代产品的结构形式，其起升机构多采用铸造卷筒、长轴支撑。卷筒壁厚、重量重、制造成本高。近年来，以德国德马格（DEMAG）公司、芬兰科尼（KONE）公司等为代表的国外起重机著名厂商在起重机设计方面不断开发创新，大胆尝试利用新型材料对起升机构卷筒进行了改进。我国起重机各厂商也相继通过型材标准的研究及生产情况的调研，在卷筒的材料及壁厚方面做出了有益的尝试，为起重机整机重量的降低做了很好的铺垫，为起重机厂商不断创新、优化设计提供了有重要意义的借鉴思路。

随着起重机技术日新月异，起重机轻量化设计不断创新，通过对相关型材标准的研究及其生产情况的调研，直径 $D>500$ mm 的卷筒可采用 Q235 或 Q355 钢板焊接卷筒，而轻量化设计对直径 $D\leqslant500$ mm 的卷筒可采用无缝钢管直接加工而成。选用无缝钢管可以减小毛坯的加工余量，避免了焊接缺陷及后期焊接检测，提高了卷筒的安全系数，降低了卷筒的生产难度，有效缩短了生产周期，提高了生产效益，但目前国内的无缝钢管规格不全，卷筒制造尺寸受到限制，传统起重机制造企业依然较少采用无缝钢管生产卷筒。

直径 $D>500$ mm 的焊接卷筒多采用 Q235 或 Q355 钢板弯卷焊接而成，重量轻，适于单件生产和大尺寸卷筒。国外已有带绳槽的热轧成型钢板制造的焊接卷筒。随着卷扬装置的大型化，大型卷筒的应用越来越多，如烟台来福士海洋船业公司使用的目前世界上最大吨位的起重机总体高度 118 m，起升高度 113 m，单根钢丝绳长度达 4 000 m。在设计这些卷扬机构时，采用单层缠绕的卷筒已不能满足使用要求，须采用多层缠绕系统。带螺旋槽的卷筒多层卷绕时，由于绳槽保证第一层钢丝绳排列整齐，有利于以后各层钢丝绳的整齐卷绕。多层卷绕卷筒可以减少卷筒长度，使机构紧凑，但钢丝绳磨损加快，工作级别 M5 以上的机构不宜采用。既能缩小卷扬机构的空间布置尺寸，又能大大提高钢丝绳的使用寿命，采用折线绳槽卷筒这种特殊绳槽结构的卷筒能很好地解决多层缠绕的难题。折线卷筒最早见于德国 LEBUS 公司专有的利巴斯装置中，其在 20 世纪 60 年代推出了利巴式（LEBUS）卷筒 - 双折线绳槽卷筒。所谓折线绳槽卷筒，是针对卷筒绳槽而言的，折线形绳槽是指每一圈绳槽内有两段与卷筒端板平行，折线与卷筒端板成一定角度，两端平行段之间通过两折线段过渡；在卷筒一周范围内分两段折线绳槽和两段斜线绳槽，且直线绳槽和斜线绳槽相间布置。

焊接卷筒多采用 Q235 或 Q355 钢板弯卷焊接而成,重量轻,适宜单件生产或大尺寸卷筒,是未来卷筒新型材料成型的方向。折线绳槽卷筒有效解决了多层缠绕乱绳、磨损快的难题,在大型卷筒,大起升高度的超卷扬系统的应用必将成为一种趋势,越来越多地应用于实际生产中。

2.2　起重机卷筒型式

卷筒按制造工艺分为铸造卷筒和焊接卷筒,铸造卷筒一般采用不低于 HT—200 的灰铸铁,重要卷筒可采用高强度铸铁或球墨铸铁,必须采用铸钢时,应不低于 ZG230 - 450。焊接卷筒多采用 Q235 钢板弯卷焊接而成,重量轻,适宜于单件生产和大尺寸卷筒。铸造卷筒的典型结构见图 2-2-1,焊接卷筒的典型结构见图 2-2-2。

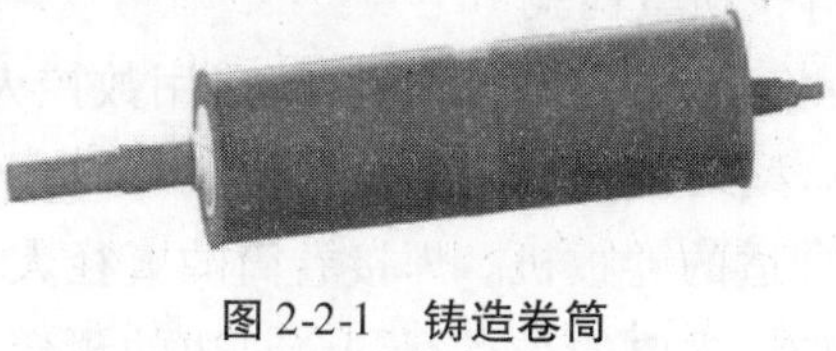

图 2-2-1　铸造卷筒

图 2-2-2　焊接卷筒

按卷筒轴的布置型式分为长轴式卷筒和短轴式卷筒。按照与减速器的连接方式不同,卷筒组类型又可以分为齿轮联接盘式、周边大齿轮式和短轴式,其他卷筒组型式一般是基于这三种连接方式的变形。

齿轮联接盘式卷筒组是封闭式传动,分组性好,卷筒轴不承受扭矩,是目前桥式起重机卷筒组的典型结构。缺点是检修时需要沿轴向外移动卷筒。短轴式卷筒组装置采用分开的短轴代替整根卷筒长轴,减速器侧短轴采用键与过盈配合与卷筒联轴器联接,其优点是构造简单,调整安装比较方便。这两种卷筒装置结构尺寸紧凑,自重轻,便于整机布置。

欧式起重机是一种结构和机构都不同于国内同类起重机的新型起重机,突出结构轻量化,机构个性化。与传统起重机卷筒相比,欧式起重机卷筒组省去了传统起重机的专用轴承底座,其和小车架主、副端梁合为一体支承由卷筒所承担的负载重量。

从加工方式来分,欧式卷筒组主要有铸造和焊接两种方式,铸造卷筒组只适用于 50 t 以下的小起重量欧式起重机,多采用 HT 200 铸造毛坯加工而成。焊接卷筒组可适用于小、中、大起重量欧式起重机,多采用 Q235 - B 和 Q355 - B 钢板弯卷而成。

2.3　卷筒筒体的制造工艺

卷筒筒体既是卷筒组中的主要零件,也是评价卷筒质量的关键零件,它的制造质量关系到起重机械的安全运行。卷筒的毛坯成型、热处理、绳槽加工等主要工艺作为关键质量控制点应重点控制。

卷筒筒体从材质上可分为铸造卷筒和钢板焊接卷筒。铸造卷筒一般用于起重量较小的设备,一般采用不低于 HT - 200 的灰铸铁,重要卷筒采用高强度铸铁或球墨铸铁;采用铸钢时,应不低于 ZG230 - 450;焊接卷筒多用于起重量大、卷筒尺寸大的设备,采用 Q235 或 Q355 钢板弯卷焊接而成,重量轻,适宜于单件生产和大尺寸卷筒。

以前对于小吨位的筒体制造,因为铸造成本低,较经济,采用铸铁件较多;对于细长卷筒或大吨位卷筒由于铸钢件可对接焊,因此采用铸钢件较多。但铸件的铸造缺陷较多,不易保证卷筒的质量,且由于铸件毛坯的筒体机加工切削余量较大,现在起重机卷筒制造是钢板卷焊卷筒为主流。因为它消除了铸件生产对环境的污染,减少了毛坯生产的废品率,机加工切削成型快捷方便,质量可靠。卷筒生产越来越多地采用钢板卷焊筒体。

钢板焊接筒体制造工艺流程如下:

原材料检验—板材下料—坡口加工—板材预弯—滚制筒体—校圆—纵向焊缝外部焊接—内开坡口—纵向焊缝内部焊接—校圆—对接焊缝无损检测—去应力退火—机加工—绳槽加工—焊接筒体端部法兰板、轴、内支承衬等—质量检验

原材料进场应对材料进行质量验证,验证合格后方可使用。卷筒体采用数控火焰切割或者等离子切割机准确下料,并切割坡口,坡口型式为双边 V 型 50°坡口。

一般根据卷筒直径、板厚、材质和板宽选择合适的卷板机。焊接卷筒的直径大,长度长,钢板厚且重量重,这给卷板带来比较大的困难。主要的难点有剩余直边的预弯,钢板回弹现象的克服,冷作硬化的消除,焊接变形的矫正等。在卷筒制造过程中,为了解决上述主要问题,采用的措施有:

(1)首先在液压机上预弯卷筒对接焊接处直边,主要使其弯曲的曲率半径与成品一致。

(2)为了使工件的母线与辊筒轴线平行,防止产生扭斜,在卷板机上安装对中档块。

(3)施加一定的过卷量以克服卷板的回弹,在所需的过卷量达到后,还应在此曲率下来回多卷几次。

(4)纵焊缝焊接后要再一次对形状进行矫正,矫正时要根据计算调整辊筒到所需的最大矫正曲率位置,滚卷 1 ~ 2 圈后,使工件在逐渐减少的矫正载荷下多次滚卷。

(5)为了避免表面压伤,坯料最好在经过表面预处理后进行冷卷。

(6)为了防止钢板卷裂,卷制时要限制钢板的变形率在允许范围内,下料时使钢板压延方向与弯曲线垂直。

卷筒的焊接有卷筒体纵向和环向焊缝焊接,以及卷筒焊缝加筋板的焊接,卷筒体纵向焊缝和环向焊缝为一类焊缝。随着焊接技术的发展,卷筒的焊接一般都采用埋弧自动焊,多层多道焊,背面清根。也可采用手工焊打底,埋弧自动焊盖面,打底焊尽量采用手工电弧焊,正面先采用手工电弧焊打底一道,再用埋弧焊焊接;反面气刨清根,用埋弧焊焊接;正面(内侧)由二人用手工电弧焊从中间往两侧对称退步施焊,再用埋弧焊逐层逐道施焊;反面(外侧)清根后采用埋弧焊逐层逐道施焊;焊接时要求内外对称施焊。焊接时的层间温度应保持在焊接工艺规定的范围内,焊接材料焊前也一定要按规定的温度和时间进行烘烤,一条焊缝必须连续施焊,中间不允许停歇。焊缝按一类焊缝要求进行探伤检

查，不允许有裂纹、夹渣、气孔、焊瘤、飞溅等。

焊接完成后，将辊筒调到所需的最大矫正曲率的位置，滚卷 1 ~2 圈，使整圈曲率均匀一致，然后逐渐卸载，使工件在逐渐减少的矫正载荷下多次滚卷。

按图纸要求全面检查卷筒各尺寸，一、二类焊缝按照标准规定的探伤手段和长度进行检查。不合格的焊缝按规定进行返修，并编制返修工艺。

卷筒的加工内容主要是外圆、绳槽、主轴内孔及端面、内孔键槽、卷筒法兰及端面、法兰上的连接孔或连接槽、钢丝绳压板螺孔、返绳挡环螺孔等。

普通螺旋绳槽在普通卧式车床都能车削加工，首先是根据卷筒尺寸选择合适的车床，吊装卷筒到车床上，一端装在车床主轴箱的卡盘上，另一端装在尾座可调顶针上，对卷筒进行调整，夹紧卷筒，粗加工外圆，外圆留加工余量，在距卷筒两端车两道中心架滚动滑道，然后装上中心架，调整中心退出尾座可调顶针，车卷筒端面、主轴孔、顶针位、内径公差达到设计文件的精度，调头按同样方法加工另一端。

2.4　卷筒的装配

根据卷筒与减速器的连接方式，常用卷筒组类型有齿轮联接盘式、周边大齿轮式、短轴式，以及在此基础上的局部修改，详见图 2-2-3、图 2-2-4、图 2-2-5。

卷筒组除轴承、钢丝绳压板、螺栓、螺母、润滑装置等标准件外，其不同类型的卷筒拆分的零件主要有齿轮盘接手、开式齿轮、卷筒毂搭配轴承座三种形式，每种形式的装配如图 2-2-6、图 2-2-7、图 2-2-8 所示。

装配时总的技术要求是：键与轴、毂的配合应符合相关标准（GB1095—1096）规定；卷筒和卷筒毂或开式齿轮或齿轮盘接手拆开时应注意各件在机加工时配钻孔、面所打的标记，不可互换；轴承采用热装，加热温度不超过 100℃；卷筒组若带有限位开关，安装时可在小车总装时完成。

首先，通过图 2-2-6 介绍齿轮盘接手式卷筒的装配过程。

（1）把卷筒毂和齿轮盘接手拆下清理铁屑，倒毛刺。

（2）卷筒各件的非加工表面按涂装工艺规程涂漆。

（3）卷筒轴配键并检查轴孔配合符合要求后方可装配。

（4）装配卷筒毂，紧固螺栓。

（5）装配卷筒轴，装配时用套筒平衡杆套在卷筒轴上，吊起平衡杆进行装配。

（6）按拆开时的标记将齿轮盘接手装配到卷筒相应止口上，上紧固定螺栓。

（7）装上轴套，注意不要反向。

（8）把加热好的滚动轴承分别套装到卷筒轴的两端。

（9）待轴承冷却到常温后，给轴承空间填充干油。

（10）把紧轴承压板、止动垫和圆螺母等部件。

（11）打开轴承座，清除污物后，装于卷筒轴上。

（12）按图样要求钻铰卷筒钢丝绳压板螺栓孔。

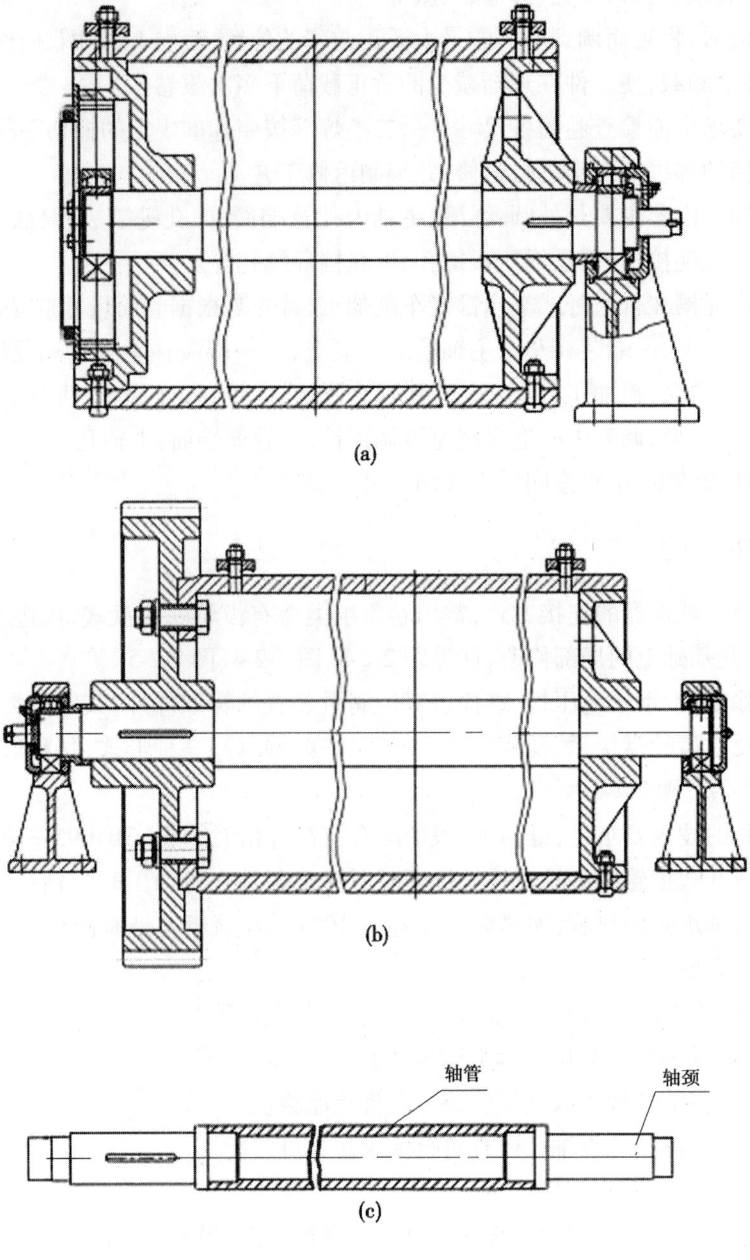

(a)　(b)　(c)

图 2-2-3　齿轮连接盘式、周边大齿轮式卷筒

(13)装配丝对,压板、螺母等部件。

通过图 2-2-7 介绍开式齿轮式卷筒的装配过程。

(1)将卷筒毂用螺钉紧固在卷筒上。

(2)把卷筒与卷筒毂的连接部件吊放到地井里,用枕垫稳,高度要适宜。

(3)卷筒各件非加工表面按涂装工艺规程涂漆。

(4)对中卷筒毂轴孔,吊装卷筒轴入头打靠,再在轴上配装键。

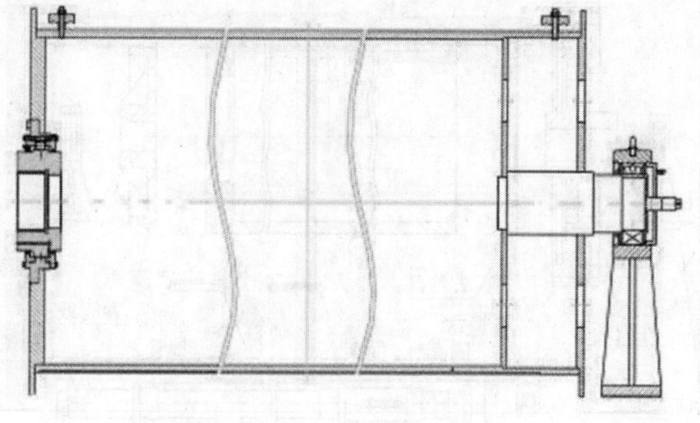

图 2-2-4　短轴式卷筒

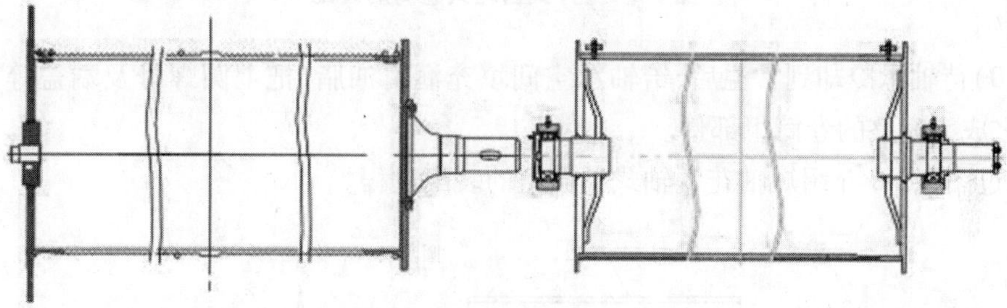

图 2-2-5　短轴卷筒其他型式

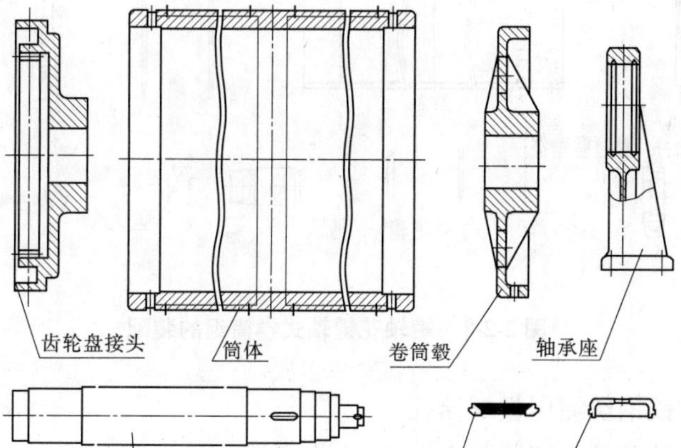

图 2-2-6　齿轮盘接手式卷筒的装配

(5)安装齿轮。注意对正精制螺栓孔配钻标记。

(6)打入衬套,把紧联接螺栓。

(7)将上述部件从地井中吊出,水平放平稳。

(8)在两端轴承座处装上轴套、通盖,注意装配方向准确。

(9)轴承采用热装,加热温度不超过 100 ℃。

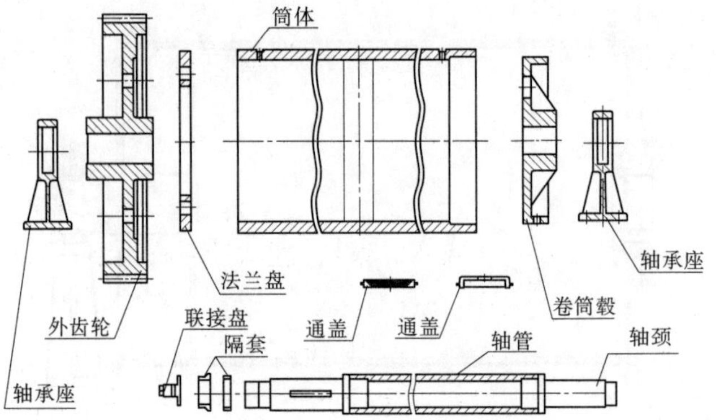

图 2-2-7　开式齿轮式卷筒的装配

(10)待轴承冷却到常温后,给轴承空间填充润滑油脂,把上圆螺母及端盖等其他零件,使之成为完整的卷筒组部件。

通过图 2-2-8 介绍短轴花键轴式卷筒组的装配过程。

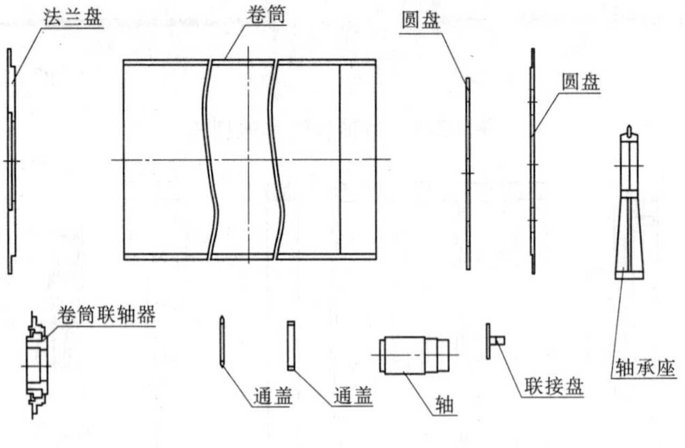

图 2-2-8　短轴花键轴式卷筒组的装配

(1)按图样钻铰钢丝绳压板螺栓孔。

(2)清洗卷筒轴及轴承座装配表面,棱边修光滑。

(3)将轴承镶装到轴承座中,需要在轴承座套装前装入卷筒轴上的零件(如隔套、油封等)事先按顺序装配到轴上。

(4)在卷筒轴上套装轴承座并装配其他零件。当轴承与轴在轴端装配时,轴承可热装,温度不超过 100 ℃。当轴承与阶梯形长轴装配时,轴承需用套筒打胎进行安装。注意保护花键轴。

(5)将带有轴承座的卷筒吊放到轴承座支承上,把上螺栓。转动卷筒,检测花键轴的径向跳动是否符合要求,不符合要求时,应进行火焰矫正。符合要求后再进行减速器装配。

(6)卷筒带有限位开关时,待小车总装时再装限位开关。

2.5　质量要点

2.5.1　卷筒制造

钢板卷焊筒体在周长方向上可用整板卷制,也可分两瓣压制,纵向焊缝之间应错位。

筒体接长焊接时,在专用转胎上进行筒体对接装配。筒体对接时,在筒体外部环缝坡口处应用平直角钢或槽钢对筒体进行定位焊,使筒体直线度、接头错位符合设计要求。为了安全吊运,筒体内部每道环焊缝处焊三根加强角钢。

2.5.2　卷筒静平衡

JB/T 9006—2013 中规定卷筒的壁厚应根据不同的材料、结构型式、工作级别及预订使用条件由计算或者实验确定。必要时,考虑增加磨损裕量。若壁厚的公差(或不均匀性)偏大,导致对较高转速卷筒的支承和传力部件产生较大的附加载荷乃至影响卷筒的强度、刚度和起升机构起重量限制器或称量装置的系统精度时,则卷筒应进行静平衡试验和检测。

卷筒筒体的初期制作是通过轧辊机轧制成圆筒体的,在反复轧制过程中难免要产生不圆度。不圆度使得卷筒加工绳槽后产生不平衡,导致转子主惯性轴与旋转轴线不相重合,但相互平行,即转子质心不在旋转轴线上。为了克服卷筒的不平衡,必须在卷筒筒体上找出不平衡点,并且配置相应的平衡重量,以求得卷筒在作 360°旋转工作时的稳定状态。

卷筒静平衡的测试工作流程图见 2-2-9,具体分以下几个步骤:

首先,胎架结构由 3 个部件组成:胎架座、轨道及胎架座移动板。胎架座的上部设置轨道,平直度与精度要求较高,胎架下部是移动板,为不同直径与长度的卷筒起到调整和稳定的作用,胎架是主体结构,要求坚固可靠。并且确保所有做静平衡测试的卷筒必须先机加工完整,在安装联轴器内齿圈的一端安装工装轴头,以基本保证卷筒两端的同心度。所有胎架(每副 2 件)调整到卷筒的长度再对胎架进行水平调整,可以用 200 mm 的水平,反复校正,直至误差≤0.02 mm。将卷筒吊装上胎架,并将所有的压绳板、双头螺栓以及紧固件都必须安装在卷筒外圆,并紧固其目的是确保卷筒的净重。以上工作都完成后才可以对卷筒进行平衡点的测试。当卷筒呈自然状态静止在胎架上后,卷筒最高点就是该卷筒不圆度的最薄点,也就是配重平衡铁块的配置点。然后用夹装工具将被试称重的平衡铁逐量添加,直至卷筒旋转到任何一个角度均可自然地止步,完成测试工作的第一步,下一步是对称重后的平衡铁进行配重计算工作:

可按:$(D+h')\div(d-h'')\times$称重(kg)=实际应配平衡铁的重量(kg)。

其中:D 表示是卷筒外径,h'为卷筒表面的试重平衡的厚度(高度)。d 表示是卷筒内径,h''为卷筒内径应配置的平衡铁的厚度(高度)。

其次是焊平横铁。当卷筒平衡铁实际配重份量准确地计算出结果后,须将卷筒当时

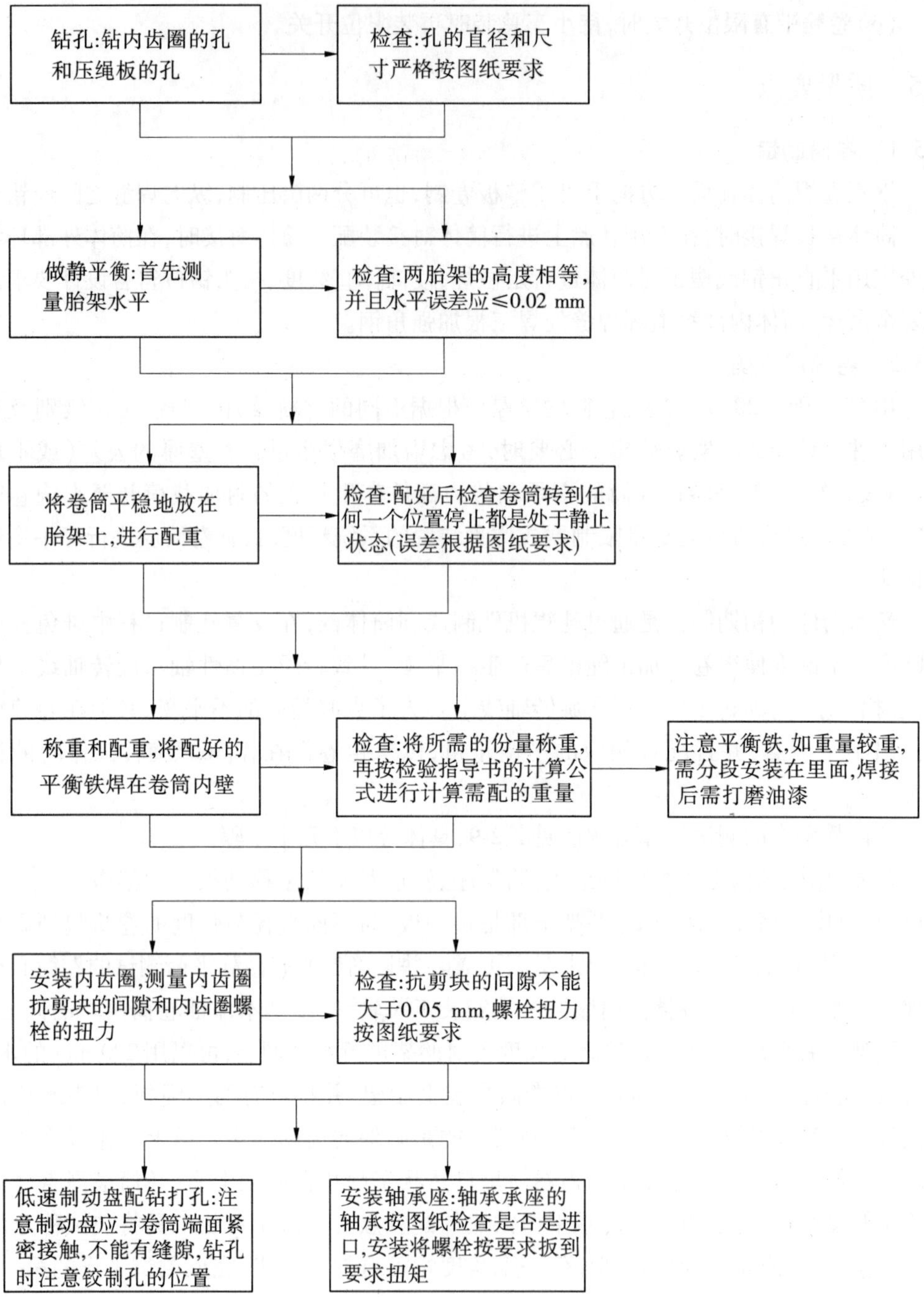

图 2-2-9　卷筒静平衡的测试工作流程

在胎架上呈自然状态停止后的最高点用黑色记号笔明显地划向卷筒中心,以提醒烧焊操作者的位置,平衡铁应是沿卷筒中心径向平行放置,并由卷筒的中部平均地向二端放置

（在此前须对每一块平衡铁进行冲砂、除锈，涂以标书规定牌号的底漆），然后才可以施焊，原则上平衡铁予以满焊。施焊后须清除药渣，打磨飞溅。再涂符合标书规定的底漆。整个卷筒的静平衡测试和装配制作过程合格地完成。

2.5.3　卷筒装配

当卷筒车间转运到装配部来的任何一个卷筒，首先须进行进车间前的验收，要查看卷筒外貌，绳槽有否撞瘪及伤痕，如有无法修复的，必须拍照，同时也得写检查报告，迅速反馈到有关部门，并存档。还要检查工号、图号与编号，须正确无误。卷筒压绳板螺栓的划线和其他配件的安装必须每一个工序都要检查与查看：卷筒压绳板螺孔的划线、钻孔及攻丝和钻头钻径的选配，丝攻的选配与确认以及清除毛刺后确认。卷筒联轴节内齿圈的安装角度，划线、钻孔及清除毛刺后确认。轴承热套与法兰盖油封方向的确认、油封卡簧的确认。卷筒轴承座编码器底座与卷筒方向左右的确认。卷筒低速制动盘的外形检查，镗孔后的精度检查，紧固螺栓与铰制螺栓的等级与长度确认，如果螺栓因长度而影响安装轴承座，要及时修改。法兰盖与轴承座油嘴进出方向确认，油嘴安装高度确认完工后，油嘴必须套上嘴帽。当卷筒所有的前道工序都完成后开始安装内齿圈，紧固螺栓按技术标准予以施扭，内齿圈两边的抗剪块组合施焊。

2.5.4　轴承座装配

安装后先测量轴承法兰盖台阶的高度尺寸，再测量轴承座内轴承外圈的深度尺寸，目的让法兰盖台阶顶住轴承外圈，不会产生窜动现象，以保证卷筒总成在机房内的排装精度，经确认合格后须加润滑脂，如果有特殊要求需施加规定牌号的润滑油脂时，必须按特殊要求执行。

另外，对某些特殊场合使用的起重机（如淬火起重机），除需要做静平衡检测外，还需要做动不平衡检测。

第三节　起升机构吊钩组

3.1　概述

吊钩组是起重机上应用最广的一种取物装置，是起重机安全生产的三大重要构件（制动器、钢丝绳、吊钩）之一。吊钩借助于滑轮组等部件悬挂在起升机构的钢丝绳上，并改变钢丝绳走向平衡钢丝绳分支拉力，从而达到减速或省力的目的，传统吊钩组由吊钩、吊钩螺母、推力轴承、吊钩横梁、滑轮、滑轮轴承、吊钩拉板等零件组成。

3.2　结构型式

3.2.1　吊钩的分类

吊钩按形状分为单钩和双钩，按制造方法分为锻造吊钩和叠片式吊钩，如图 2-3-1 所示。

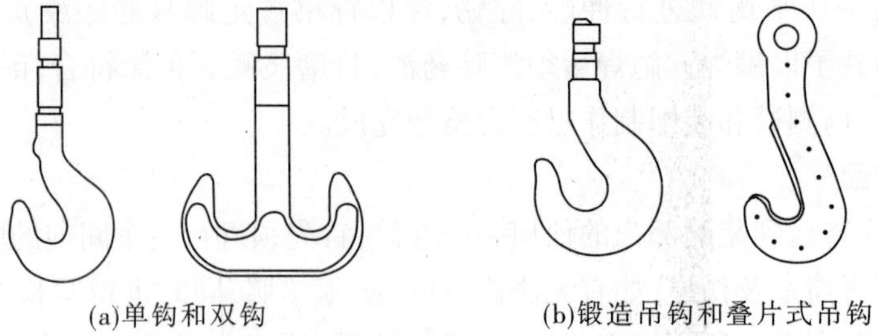

图 2-3-1　吊钩的分类

单钩的钩身有单钩、C 型钩、双钩、片式钩等类型，其制造简单、使用方便，但受力情况不好，大多用在起重量为 50 t 以下的工作场合；双钩受力条件较好，钩体材料能充分利用，常用于起吊 50 ~ 100 t 重物的工作场合。叠片式吊钩由数片切割成形的钢板铆接而成，在避免突然断裂方面具有更大的安全性，因缺陷而引起的断裂只限于其中个别钢板，剩余的钢板仍能足以支持吊重。损坏的钢板还可以更换。因此，片式吊钩便于制造和修复，但自重较大，大多用在大起重量或吊运钢水盛桶的起重机上，片状单钩用于起吊 75 ~ 350 t 重物的工作场合，片状双钩常用于起吊 100 t 以上重物的桥式起重机。

吊钩钩身截面形状有圆形、矩形、梯形和“T”字形，如图 2-3-2 所示。按受力情况分析，“T”字形截面最合理，但锻造工艺复杂。梯形截面受力较合理，锻造容易。矩形截面只用于片状吊钩，断面的承载能力得不到充分利用，较笨重。圆形截面只用于小型吊钩。锻造吊钩的尾部通常用三角螺纹，其应力集中严重，容易在裂纹处断裂。因此，吊钩多采用梯形或锯齿形螺纹，而国外则多采用圆形螺纹，如图 2-3-3 所示。

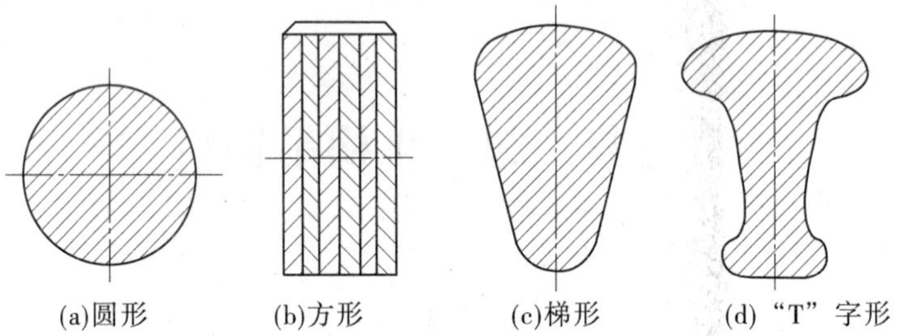

图 2-3-2　吊钩钩身截面形状

3.2.2　吊钩的标记及型式

3.2.2.1　单钩

单钩的结构型式和锻造方式分为四种：LM 型、LMD 型、LY 型及 LYD 型，具体型式如下所示。

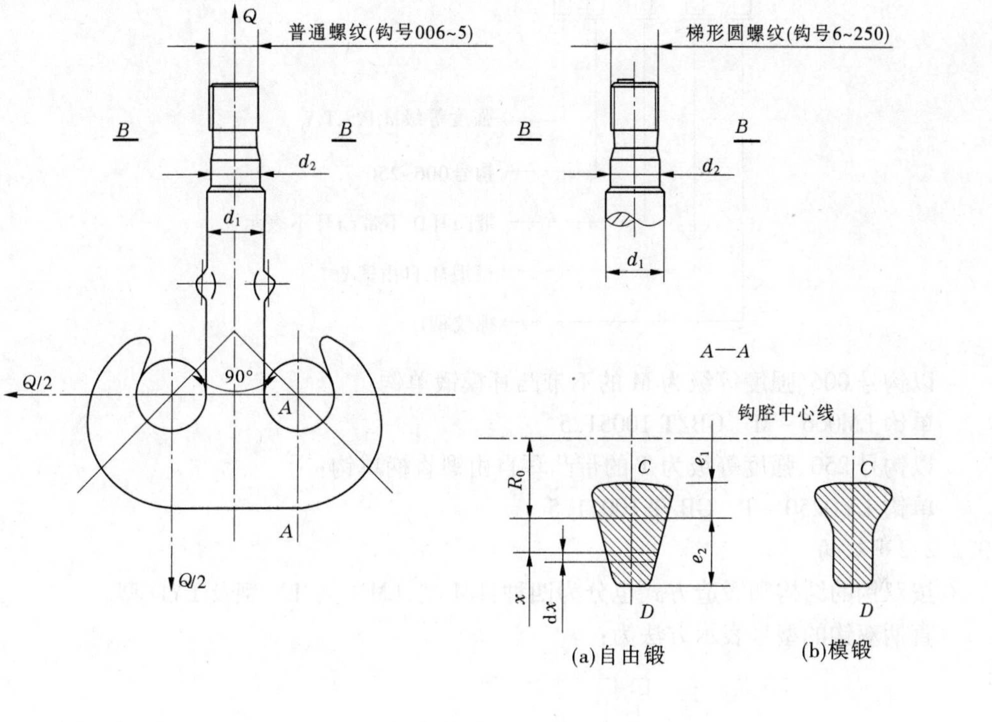

d_1—毛坯直径；d_2—配合直径；d_3—外螺纹大径；d_4—颈部直径；d_5—外螺纹小径；P—螺距

图 2-3-3　锻造吊钩的尾部螺纹形状

直柄单钩的型号表示方法为：

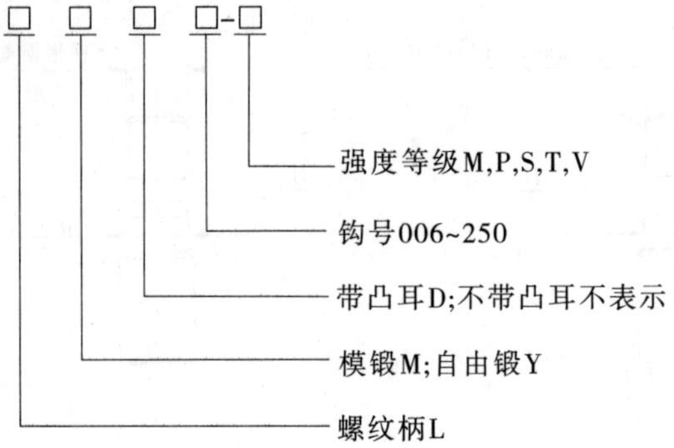

以钩号006、强度等级为M的不带凸耳模锻单钩：

单钩 LM006－M　GB/T 10051.5

以钩号250、强度等级为T的带凸耳自由锻直柄单钩：

单钩 LYD250－T　GB/T 10051.5

3.2.2.2　双钩

按双钩的结构和锻造方式也分为四种：LM型、LMD型、LY型及LYD型。

直柄双钩的型号表示方法为：

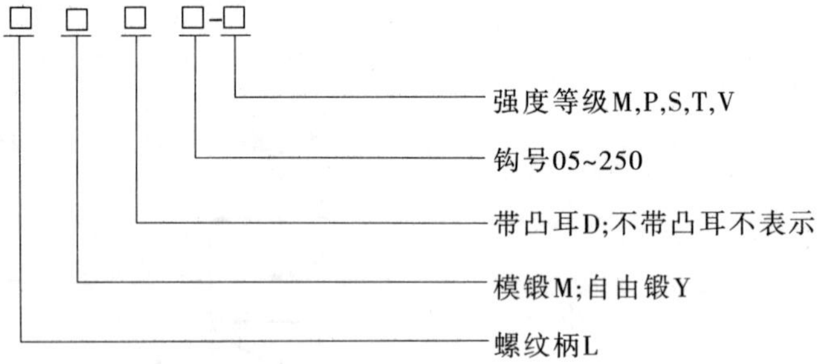

以钩号10、强度等级为M的不带凸耳模锻双钩：

双钩 LM10－M　GB/T 10051.7

以钩号为12、强度等级为P的带凸耳自由锻直柄双钩：

双钩 LYD12－P　GB/T 10051.7

3.2.2.3　叠片式单钩

叠片式单钩的主要型式见图2-3-4，起重机为63 t，钩腔直径 $D=320$ mm的单钩：

单钩 63×320 GB/T 10051.15

3.2.3　欧式吊钩

欧式起重机吊钩组和传统吊钩组有所不同，首先是材质的不同，欧式吊钩的材料推荐采用不低于DG34CrMo专用材料，一般吊钩的材料是DG20和DG20Mn。其次是结构型式的不同，欧式吊钩组的动滑轮等分排列在平行的两根轴线上（见图2-3-5），其动滑轮数量比定滑轮要多2个（见图2-3-6）。吊钩处在两组滑轮之间，并在两边颚板的中线靠下部位

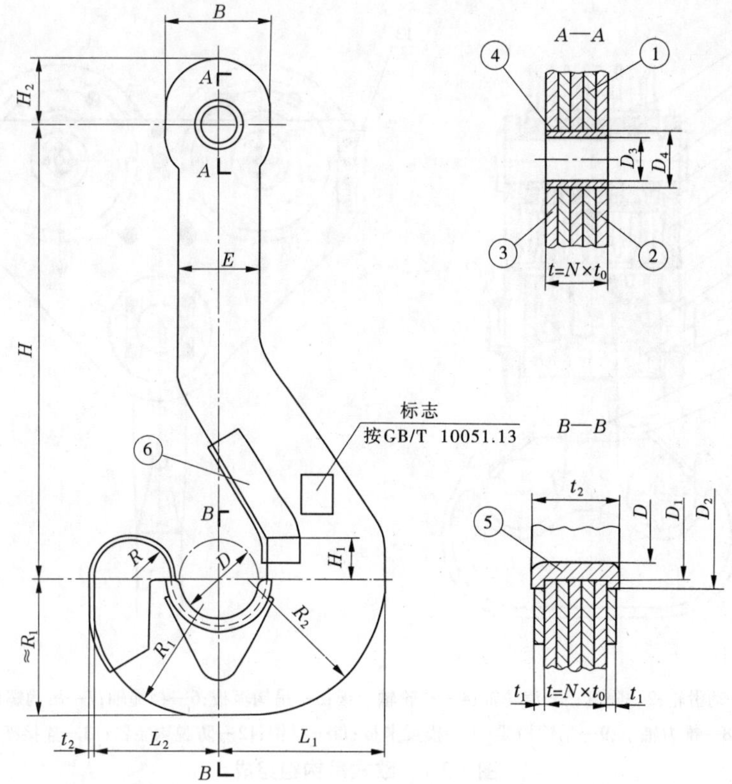

N——钩片数量。

图 2-3-4　**叠片式单钩的主要型式**

与吊钩横梁连接。充分利用吊钩组的局部空间，使欧式吊钩组有外观轻巧和体积小的特点。其钢丝绳分支数限于偶数，重量较同等吨位吊钩组，一般要轻 1/2 左右的重量。

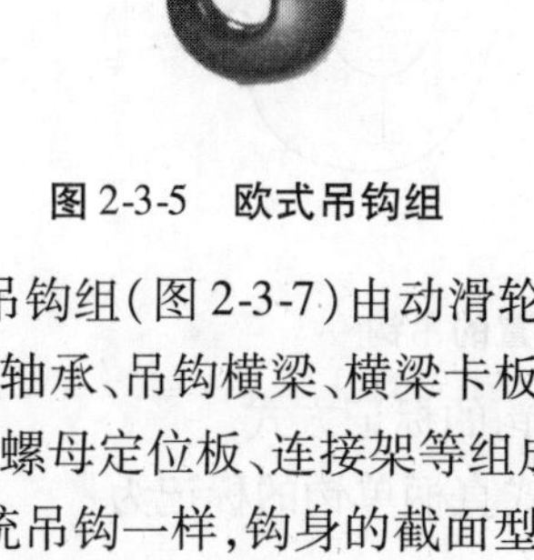

图 2-3-5　**欧式吊钩组**

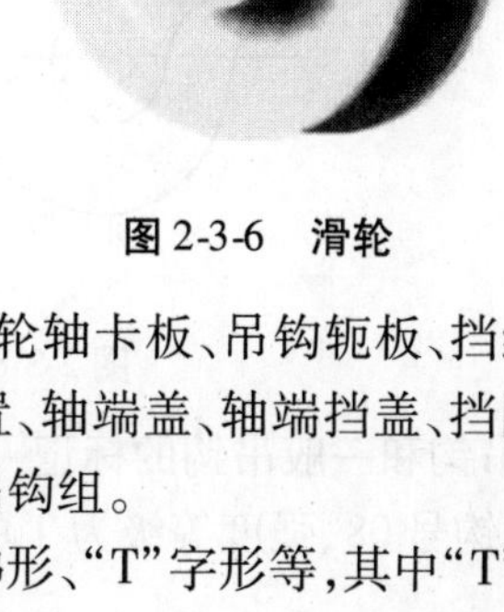

图 2-3-6　**滑轮**

欧式吊钩组（图 2-3-7）由动滑轮、隔套、滑轮轴、滑轮轴卡板、吊钩轭板、挡绳轴、吊钩螺母、推力轴承、吊钩横梁、横梁卡板、吊钩、防脱钩装置、轴端盖、轴端挡盖、挡圈、钢丝绳挡板、吊钩螺母定位板、连接架等组成，一般为短钩型吊钩组。

与传统吊钩一样，钩身的截面型状有圆形、矩形、梯形、“T”字形等，其中“T”字形截面

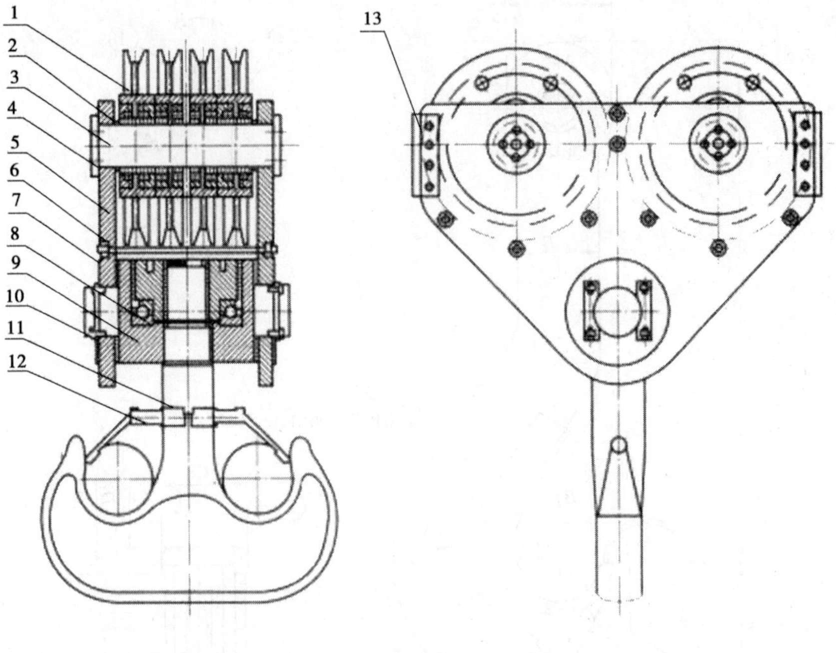

1—动滑轮;2—隔套;3—滑轮轴;4—滑轮轴卡板;5—吊钩轭板;6—挡绳轴;7—吊钩螺母;8—推力轴承;9—吊钩横梁;10—横梁卡板;11—吊钩;12—防脱钩装置;13—连接架

图 2-3-7　欧式吊钩组组成

最合理,但工艺复杂。圆形截面用于小吨位吊钩,一般吊钩都是带圆弧角的梯形截面。

欧式吊钩常用模锻制造,钩的头部具有直柄螺纹,由吊钩螺母通过推力轴承旋转压紧,使吊钩能绕吊钩中心轴自由转动。为了防止钢丝绳自动脱钩,可在吊钩上加装安全防脱钩装置(见图 2-3-8)。

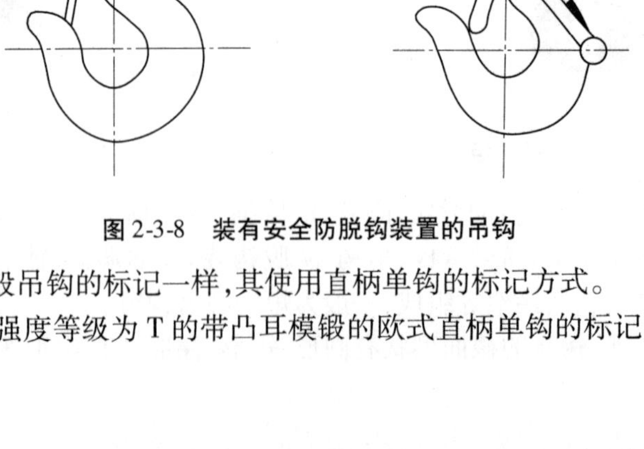

图 2-3-8　装有安全防脱钩装置的吊钩

欧式吊钩和一般吊钩的标记一样,其使用直柄单钩的标记方式。

例如,钩号 08、强度等级为 T 的带凸耳模锻的欧式直柄单钩的标记为:

直柄单钩 LMD08－TGB10051.5

3.3　吊钩的选型

由于锻造吊钩在小、中起重机械中使用广泛，因此它的各部构造尺寸都已标准化。一般情况下可根据起重量大小和工作条件直接查有关的机械手册选用，无需强度验算。

吊钩按其力学性能分为 5 个强度等级，见表 2-3-1。

在不同的强度等级和机构工作级别下，可以按吊钩的起重量选取适合的吊钩，如表 2-3-2所示；锻造吊钩的选材如表 2-3-3 所示，叠片吊钩的选型及选材见表 2-3-4 和表 2-3-5。

欧式吊钩比传统吊钩的强度等级要高，一般选取不小于 T 级强度等级的材料。

表 2-3-1　吊钩强度等级

强度等级	结构钢					合金钢		
	上屈服强度或延伸强度（MPa）	冲击吸收功（J）				上屈服强度或延伸强度（MPa）	冲击吸收功（J）	
		+20 ℃		－20 ℃			+20 ℃	－20 ℃
		纵向	横向	纵向	横向		纵向	横向
M	235					—	—	—
P	315	（55）	（31）	39	21	—	—	—
（S）	390					390	（35）	27
T	—	—				490	（35）	27
（V）	—	—				620	（30）	27

注：1. 冲击功试验应在 －20 ℃下进行，括号中所给的冲击吸收功值仅供参考。

2. 尽量避免采用括号内的强度等级。

表 2-3-2　吊钩的选取

强度等级	机构工作级别（按 GB/T 3811）										强度等级
M	—	—	—	—	M3	M4	M5	M6	M7	M8	M
P	—	—	—	M3	M4	M5	M6	M7	M8	—	P
（S）	—	—	M3	M4	M5	M6	M7	M8	—	—	（S）
T	—	M3	M4	M5	M6	M7	—	—	—	—	T
（V）	M3	M4	M5	M6	M7	—	—	—	—	—	（V）
钩号	起重量（t）										钩号
006	0.32	0.25	0.2	0.16	0.125	0.1	—	—	—	—	006
010	0.5	0.4	0.32	0.25	0.2	0.16	0.125	0.1	—	—	010
012	0.63	0.5	0.4	0.32	0.25	0.2	0.16	0.125	0.1	—	012

续表 2-3-2

钩号	起重量(t)										钩号
020	1	0.8	0.63	0.5	0.4	0.32	0.25	0.2	0.16	0.125	020
025	1.25	1	0.8	0.63	0.5	0.4	0.32	0.25	0.2	0.16	025
04	2	1.6	1.25	1	0.8	0.63	0.5	0.4	0.32	0.25	04
05	2.5	2	1.6	1.25	1	0.8	0.63	0.5	0.4	0.32	05
08	4	3.2	2.5	2	1.6	1.25	1	0.8	0.63	0.5	08
1	5	4	3.2	2.5	2	1.6	1.25	1	0.8	0.63	1
1.6	8	6.3	5	4	3.2	2.5	2	1.6	1.25	1	1.6
2.5	12.5	10	8	6.3	5	4	3.2	2.5	2	1.6	2.5
4	20	16	12.5	10	8	6.3	5	4	3.2	2.5	4
5	25	20	15	12.5	10	8	6.3	5	4	3.2	5
6	32	25	20	16	12.5	10	8	6.3	5	4	6
8	40	32	25	20	16	12.5	10	8	6.3	5	8
10	50	40	32	25	20	16	12.5	10	8	6.3	10
12	63	50	40	32	25	20	16	12.5	10	8	12
16	80	63	50	40	32	25	20	16	12.5	10	16
20	100	80	63	50	40	32	25	20	16	12.5	20
25	125	100	80	63	50	40	32	25	20	16	25
32	160	125	100	80	63	50	40	32	25	20	32
40	200	160	125	100	80	63	50	40	32	25	40
50	250	200	160	125	100	80	63	50	40	32	50
63	320	250	200	160	125	100	80	63	50	40	63
80	400	320	250	200	160	125	100	80	63	50	80
100	500	400	320	250	200	160	125	100	80	63	100
125	—	500	400	320	250	200	160	125	100	80	125
160	—	—	500	400	320	250	200	160	125	100	160
200	—	—	—	500	400	320	250	200	160	125	200
250	—	—	—	—	500	400	320	250	200	160	250

注:1. 机构工作级别低于 M3 的按 M3 考虑。

2. T、V 级强度等级的吊钩不推荐用于冶金起重机。

表 2-3-3　锻造吊钩的选材

<table>
<tr><th rowspan="2">钩号</th><th rowspan="2">柄部直径
d_1(mm)</th><th colspan="5">强度等级</th></tr>
<tr><th>M</th><th>P</th><th>(S)</th><th>T</th><th>(V)</th></tr>
<tr><td>006</td><td>14</td><td rowspan="30">Q355qD</td><td rowspan="22">Q355qD</td><td rowspan="22">Q420qD 或 35CrMo</td><td rowspan="22">35CrMo</td><td rowspan="10">35CrMo</td></tr>
<tr><td>010</td><td rowspan="2">16</td></tr>
<tr><td>012</td></tr>
<tr><td>020</td><td rowspan="2">20</td></tr>
<tr><td>025</td></tr>
<tr><td>04</td><td rowspan="2">24</td></tr>
<tr><td>05</td></tr>
<tr><td>08</td><td rowspan="2">30</td></tr>
<tr><td>1</td></tr>
<tr><td>1.6</td><td>36</td></tr>
<tr><td>2.5</td><td>42</td><td rowspan="12">34Cr2Ni2Mo</td></tr>
<tr><td>4</td><td>48</td></tr>
<tr><td>5</td><td>53</td></tr>
<tr><td>6</td><td>60</td></tr>
<tr><td>8</td><td>67</td></tr>
<tr><td>10</td><td>75</td></tr>
<tr><td>12</td><td>85</td></tr>
<tr><td>16</td><td>95</td></tr>
<tr><td>20</td><td>106</td></tr>
<tr><td>25</td><td>118</td></tr>
<tr><td>32</td><td>132</td></tr>
<tr><td>40</td><td>150</td></tr>
<tr><td>50</td><td>170</td><td rowspan="8">Q420qD</td><td rowspan="8">35CrMo</td><td rowspan="8">34Cr2Ni2Mo</td><td rowspan="8">30Cr2Ni2Mo</td></tr>
<tr><td>63</td><td>190</td></tr>
<tr><td>80</td><td>212</td></tr>
<tr><td>100</td><td>236</td></tr>
<tr><td>125</td><td>265</td></tr>
<tr><td>160</td><td>300</td></tr>
<tr><td>200</td><td>335</td></tr>
<tr><td>250</td><td>375</td></tr>
</table>

注：当采用 JB/T 6396 中规定的材料时，推荐材料中 Alt 的含量≥0.020%，或用其他形式证明材料中的氮被固化。

表 2-3-4　叠片吊钩的选型及选材

起重量(t)	D	D_1	D_2	D_3	D_4	B	E	$N\times t_0$	t	t_1	t_2	R	R_1	R_2	H	H_1	H_2	L_1	L_2	质量(≈kg)
	mm																			
20	190	240	280	100	130	280	200	5×16	80	12	110	100	320	400	1 400	120	170	450	320	469
25	210	260	300	105	135	300	220	5×16	80	12	110	110	330	410	1 500	125	180	475	350	525
32	240	290	320	110	140	320	240	6×16	96	14	130	120	340	420	1 600	13	195	505	385	697
40	260	310	340	120	150	360	260	6×16	96	14	130	140	380	500	1 700	150	220	615	435	857
50	310	360	390	140	170	400	300	7×16	112	14	150	160	430	560	1 800	160	245	700	500	1 227
63	320	380	420	160	200	460	320	5×26	130	14	170	170	480	600	2 000	170	280	750	530	1 657
80	350	410	450	180	220	500	340	6×26	156	14	190	180	520	650	2 100	180	305	805	656	2 235
100	410	470	510	200	240	540	380	7×26	182	14	220	190	560	710	2 200	190	330	875	615	3 033
125	440	500	540	220	260	620	400	8×26	208	14	250	200	600	730	2 400	200	375	930	650	3 930
140	460	530	580	230	280	640	460	9×26	234	16	280	230	640	760	7 600	230	390	965	725	5 175
160	480	550	600	240	290	680	500	8×30	240	16	280	240	660	820	2 700	240	415	1 028	755	5 914
180	520	290	640	250	300	720	520	9×30	270	16	310	250	700	880	2 800	250	435	1 095	795	7 322
200	580	650	700	260	310	760	540	9×30	270	16	310	260	750	950	3 000	260	460	1 175	845	8 244
225	640	710	760	280	330	800	560	9×30	270	16	310	270	800	1 050	3 200	270	485	1 305	895	8 384
250	700	770	820	290	340	850	580	9×30	270	16	310	280	850	1 150	3 400	280	500	1 350	945	10 374

表 2-3-5　叠片吊钩的选材

序号	名称	材料
1	内钩片	Q355B 按 GB/T 1591
2	右外钩片	
3	左外钩片	
4	轴套	45 钢按 GB/T 699
5	钩口护板	Q355B 按 GB/T 1591
	左夹板	Q235A 按 GB/T 700
	右夹板	
6	防碰护板	Q355B 按 GB/T 1591
	上夹板	Q235A 按 GB/T 700
	下夹板	

3.4　吊钩的制造

吊钩一般采用 DG20(20 号优质低碳钢)、DG20Mn 钢和 DG34CrMo、DG34CrNiMo 等合金钢为原料,经锻造和冲压,退火后再经机械加工而成,具有强度高、塑性韧性好的特点。

叠片式吊钩一般用于大吨位受强烈灼热物炽烤的场所。通常用厚度不小于 20 mm 的 Q235、20 号或 Q355 钢板切割成型的钢板经铆合而成,不会发生突然断裂,可靠性高。由于缺陷引起的断裂只限于个别钢板,剩余钢板仍可支承吊重,只需更换个别钢板即可,因此它具有较大的安全性。叠片式吊钩只能制造成矩形断面,所以钩体材料利用不充分。

由于起重机作业环境较为复杂,因此各种工况对吊钩的要求也不一样,除了一些小吨位的起重机上用的吊钩,中大型吊钩很难进行流水线式、批量式生产,目前吊钩的制造工艺较为复杂,生产效率也比较低。

3.4.1　单钩

首先根据设计原件选择合适尺寸的制造吊钩的原材料,并进行理化性能检测,确定原材料的质量符合要求,随后将原材料运送至热处理车间,均匀放置在加热炉内,根据所选材质确定加热温度,对加热件在锻床上进行自由锻造,此阶段锻造出钩柄和棒形钩体,再次进行加热到指定温度,再在预弯机上一次成型预弯钩体至指定形状,再次加热后,模锻出吊钩扇形截面,钩体基本成型。然后再进行后续的车加工、热处理及检验检测。吊钩制成后,要进行超负荷试验,检查有无裂纹和永久变形。吊钩表面要求光洁,不许有缺陷和任何焊补,质量不合格的吊钩不允许使用。

具体流程如下所示:

原材料检验—下料—胚料装炉加热—自由锻造出钩柄钩体—加热至指定温度—预弯钩体至指定形状—加热至指定温度—模锻出吊钩扇形截面—去除多余毛边—车加工修整—正火—喷丸处理—粗加工—热处理—精加工—无损检测—钩柄螺纹加工—装配—喷漆

3.4.2　双钩

具体流程如下所示:

原材料检验—下料—胚料装炉加热—自由锻造—压扁—自由锻倒角—压肩—锻造钩柄—装炉加热—压头部,校正钩柄—装炉加热—模具预锻—落边膜落边—喷丸处理—精锻膜精锻—回火处理—无损检测—钩柄螺纹加工—装配—喷漆

3.4.3　叠片式吊钩

限于工艺条件,叠片式吊钩的钩柱尾部总是制成耳环形状,利用联结件使它悬挂在提升机构的钢丝绳滑轮组上。吊钩的所有各部断面都呈长方形,这对充分利用吊钩材料性能来说是矛盾的,再加上铆钉孔对吊钩断面的削弱。因而叠片式吊钩的自重总是比起重量相同的锻造吊钩要重得多。

为了改善叠片式吊钩的工作性能,确保载荷不会偏心而是均匀地分布到构成吊钩的每块板片上,通常都在钩孔中覆盖用软钢制成的垫板。有时这种垫板制成铰接式的,虽传力良好但构造复杂。

具体的制造流程如下:

原材料进场检验—火焰切割下料—点焊固定—钻孔—穿铆钉—铆焊—钩体垫板焊接

3.5　吊钩组装配

吊钩组就是吊钩与滑轮组的组合体，有长型和短型两种吊钩组。如图 2-3-9 所示。根据起重量的不同，零件的尺寸和工作滑轮的数目也不一样，通常起重量越大，滑轮的数目越多，这样可以使单根钢丝绳承受的拉力不大，钢丝绳的直径可以不太粗，相应的零部件也可以减小。

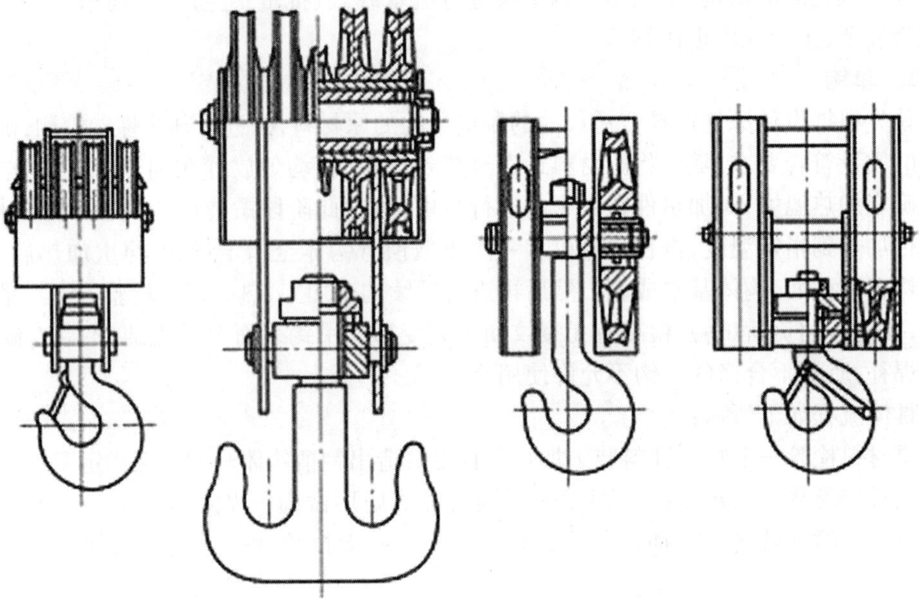

(a)长型吊钩组　　(b)短型吊钩组

图 2-3-9　吊钩组

长型吊钩组是滑轮轴在上，吊钩横梁在下，平行安装在拉板上，滑轮的数目可单可双，可以选用短钩，整体高度较大，但横向尺寸小。

短型吊钩组，滑轮轴和吊钩横梁合二为一，省去拉板，滑轮的数目必须是双数才能对称，为了使吊钩转动不致碰到两边滑轮，必须选用长钩。整体高度较小，但当滑轮数目较多时，横向尺寸大，适用于起重量较小的桥式起重机。

吊钩组即是吊钩与动滑轮的组合体，吊钩组主要由以下几部分组成：吊钩、吊钩横梁（短型吊钩组兼做滑轮轴）、吊钩螺母（应有防松装置）、止推轴承（应有防尘装置）、滑轮轴（应考虑滑轮轴承的润滑问题）、定轴挡板（拉板）、滑轮、轴承、滑轮罩（防尘、防脱、高度限位开关撞杆）等。具体的装配过程如下。

3.5.1　短型吊钩组装配

短型吊钩组如图 2-3-10 所示，与长型吊钩组不同，它是将吊钩横梁加长，在横梁两端对称地安装滑轮，而不另设滑轮轴，这样就使吊钩组整体高度减小，故称其为“短型”。但为使吊钩转动而又不碰两边滑轮，它采用了长吊钩。短型吊钩组只能用于双倍率滑轮组。

（滑轮部分）安装动滑轮轴承—轴承外间隔套—轴承端盖—轴承内隔套—滑轮罩

（吊钩组）滑轮轴—吊钩横梁—滑轮——止推轴承—吊钩—吊钩螺母—吊钩螺母止松装置—滑轮固定螺母—止松装置

3.5.2　长型吊钩组装配

长型吊钩组如图 2-3-11 所示，滑轮 1 的两边安装着拉板 3。拉板的上部有滑轮轴 2，下部有吊钩横梁 4，它们平行地装在拉板上。滑轮组滑轮数目单、双均可。横梁中部垂直孔内装着吊钩 5，吊钩尾部有固定螺母。为方便物品的装卸，吊钩应能绕垂直轴线和水平轴线旋转。因此，在吊钩螺母与吊钩横梁间装有推力轴承，这样吊钩就支承在吊钩横梁上，并能绕吊钩钩颈轴线旋转。同时，吊钩横梁支承在两边拉板的孔中（间隙配合），使横梁和吊钩能绕水平轴线旋转。横梁两端各加工一环形槽并用定轴挡板固定在拉板上，以防止横梁的轴向移动。滑轮轴两端也支承在拉板上，但由于滑轮轴两端加工成扁缺口，定轴挡板卡在其中，所以滑轮轴既不能转动也不能移动。

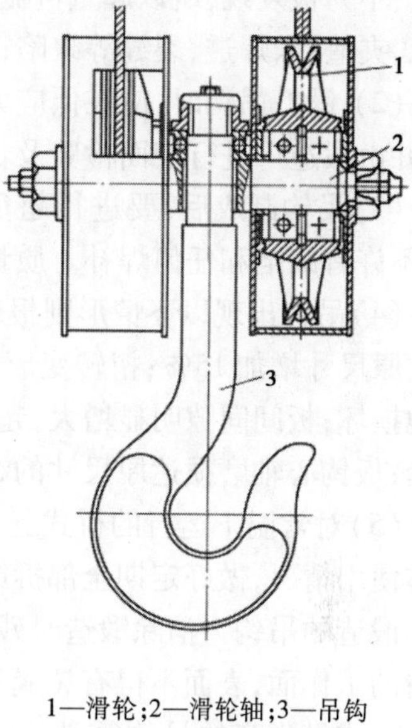

1—滑轮；2—滑轮轴；3—吊钩

图 2-3-10　短型吊钩组

（滑轮部分）安装动滑轮轴承—轴承外间隔套—轴承端盖—轴承内隔套—滑轮罩

（吊钩组）在单侧挂板上安装滑轮轴—滑轮及滑轮间间隔套—吊钩横梁—安装另一面挂板—安装防串动块—吊钩—吊钩螺母—止松装置

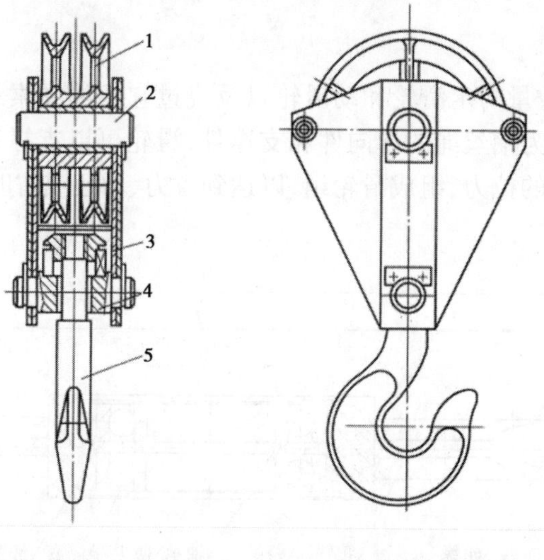

1—滑轮；2—滑轮轴；3—拉板；4—吊钩横梁；5—吊钩

图 2-3-11　长型吊钩组

3.6　质量要点

(1)因为铸造材料存在较多质量缺陷,如有缩孔、缩松、热应力、夹渣等缺陷,易产生裂纹,不易被发现,所以起重机械不得使用铸钢吊钩;同样不能采用焊接吊钩,因为焊接有气孔、夹渣、未焊透、裂缝等缺陷;也不能用强度高、冲击韧性低的钢材制造吊钩。

(2) 锻打吊钩时,应在低应力区打印标有额定起重量、厂标、检验标志日期、编号等标记,并由锻造厂进行表面检验及负荷试验后,提供合格证明文件。

(3)吊钩制成后,要进行超负荷试验,检查有无裂纹和永久变形。吊钩表面要求光洁,不许有缺陷和任何焊补。质量不合格的吊钩不允许使用。

(4)吊钩出现以下情形则报废:表面有裂纹;危险断面磨损量达原尺寸的10%;开口度比原尺寸增加15%;扭转变形超过10°;危险断面或吊钩颈部产生塑性变形;板钩铆钉松弛损坏;板间间隙明显增大,超过制造厂规定。板钩衬套磨损达原尺寸的50%时报废衬套;板钩心轴磨损达原尺寸的5%时报废心轴。板钩不允许进行磨损的修补。

(5)对常温下运行的桥式起重机的吊钩组,应三个月检查和加油一次。并且,要依据具体使用情况,做好定期全部拆卸性的检查。

锻造的吊钩为消除锻造时残存的内应力,在锻造成型后必须回火处理。为使吊钩有光滑的工作面,表面不得有裂缝、锐角、毛刺和刻痕等,更不准对有缺陷的吊钩进行堵塞或焊补。成批生产的吊钩需选出一定量的试样进行超载25∶6的强度试验,合格后方能使用。

第四节　起升机构滑轮组

4.1　概述

滑轮组是由一定数量的定滑轮和动滑轮以及绕过它们的绳索组成,是起重机起升机构的重要组成之一,作为钢丝绳的导向件和支撑件,滑轮可以支撑钢丝绳、改变钢丝绳的走向、平衡钢丝绳分支的拉力、组成滑轮组,以达到省力、增速或省时的目的。滑轮的典型结构见图2-4-1。

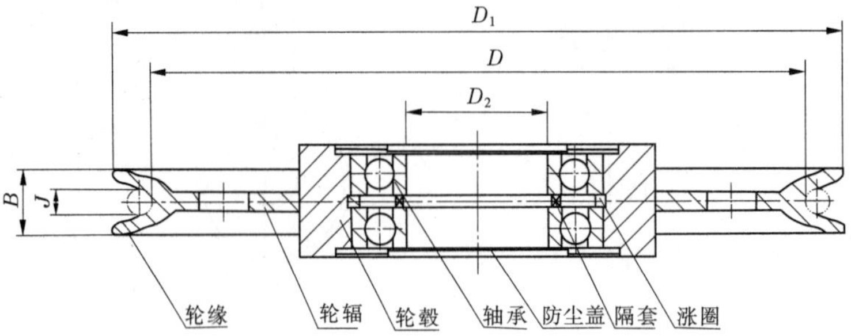

图2-4-1　滑轮的典型结构

4.2　结构型式

4.2.1　滑轮的种类

滑轮按在卷绕系统中的作用可分为定滑轮、动滑轮、导向滑轮和均衡滑轮等，如图2-4-2所示。定滑轮的心轴位置固定不动，钢丝绳绕过定滑轮改变了方向。导向滑轮属于定滑轮。动滑轮的心轴位置可以随钢丝绳的运动而移动，其与定滑轮配套使用构成滑轮组，以达到省力或增速的目的。均衡滑轮只利用滑轮的转动来均衡钢丝绳的拉力，可出现在动、定滑轮中。

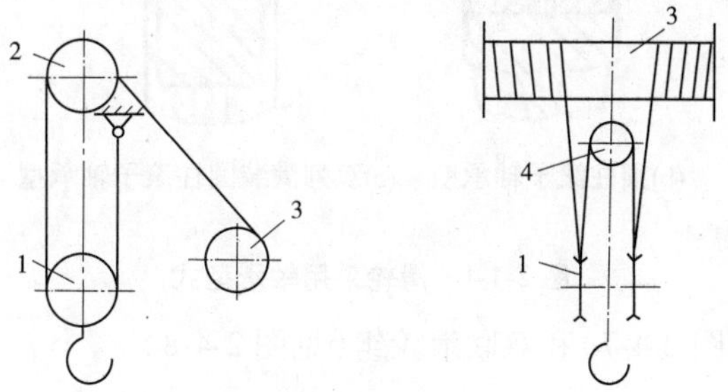

1—动滑轮；2—导向（定）滑轮；3—卷筒；4—均衡滑轮

图 2-4-2　定滑轮、动滑轮和均衡滑轮

滑轮按制造工艺可以分为铸造滑轮、焊接滑轮、轧制滑轮、双辐板压制滑轮，以及近些年才出现的尼龙滑轮和铝合金滑轮，如图 2-4-3 所示；按照轴承型式可分为深沟球轴承型、圆柱滚子轴承型、双列满装圆柱滚子轴承型、滑动轴承型，如图 2-4-4 所示。

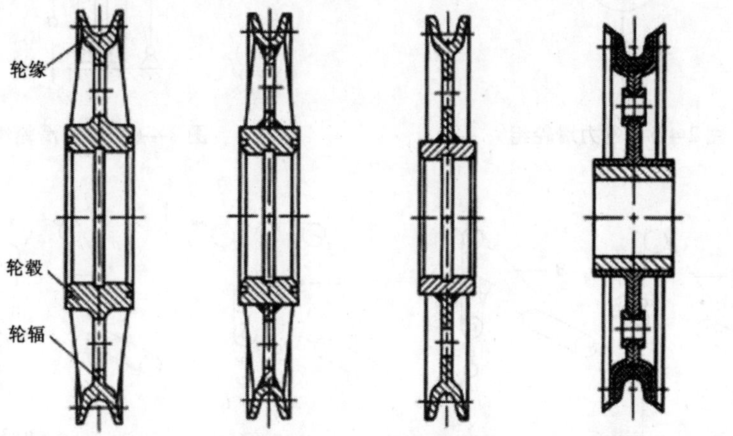

图 2-4-3　滑轮构造和类型

4.2.2　滑轮组

4.2.2.1　滑轮组类型

钢丝绳按设计原理依次绕过若干定滑轮和动滑轮所组成的装置称为滑轮组。滑轮组按工作原理可分为省力滑轮组（见图 2-4-5）和增速滑轮组（见图 2-4-6）；滑轮组按构造特

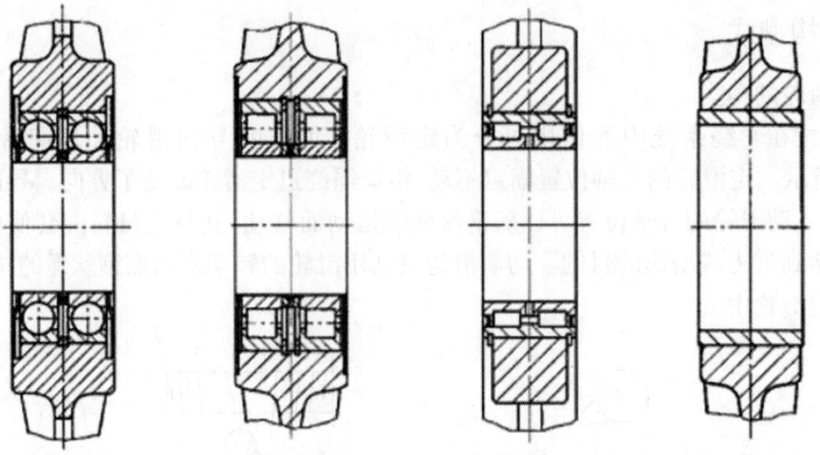

图 2-4-4 滑轮采用轴承型式

点分为单联滑轮组(见图 2-4-7)和双联滑轮组(见图 2-4-8)。

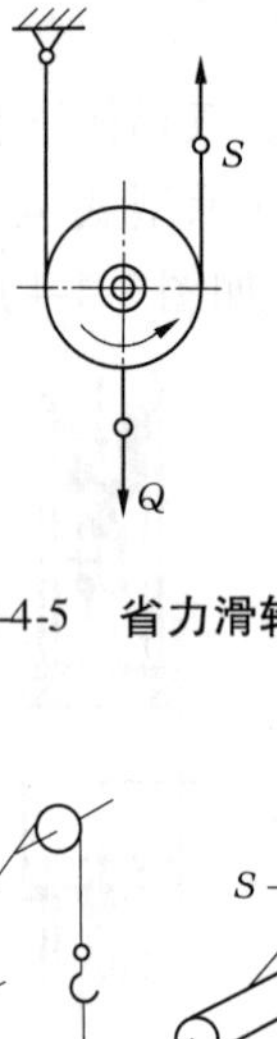

图 2-4-5 省力滑轮组

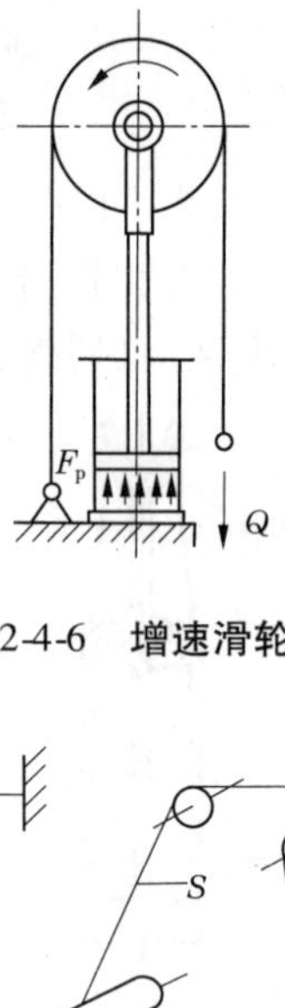

图 2-4-6 增速滑轮组

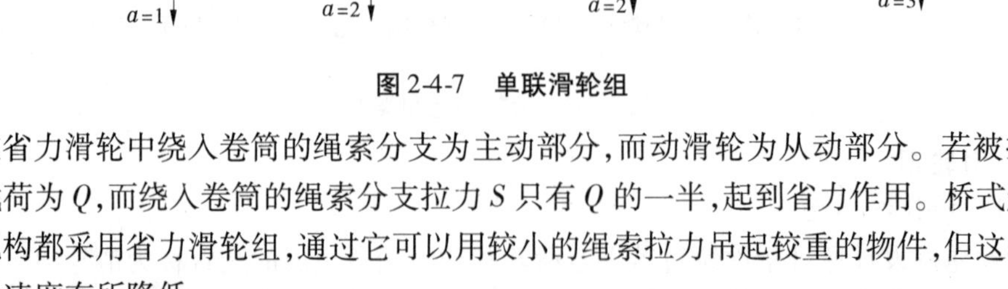

图 2-4-7 单联滑轮组

在省力滑轮中绕入卷筒的绳索分支为主动部分,而动滑轮为从动部分。若被提升的物件载荷为 Q,而绕入卷筒的绳索分支拉力 S 只有 Q 的一半,起到省力作用。桥式起重机起升机构都采用省力滑轮组,通过它可以用较小的绳索拉力吊起较重的物件,但这时物件的升降速度有所降低。

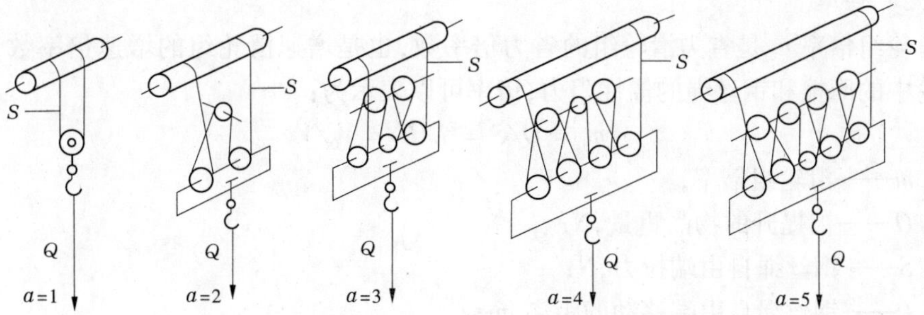

图 2-4-8　双联滑轮组

在增速滑轮组中,用液压缸或汽缸直接驱动动滑轮,动滑轮为主动部分,移动的绳索端部为从动部分,当主动部分施力大时,从动部分得到的力小,但是主动部分只需移动较小的距离,就可使从动部分得到较大的位移及较大的速度,起到增速作用。增速滑轮组常用于液压和气动的起升机构。

省力滑轮组的特点是钢丝绳以较小的张力承受较重的物品重力,因而在起升机构和钢丝绳变幅机构中广泛应用。增速滑轮组的特点是用较短的滑轮行程以获得较大的货物提升行程,适用于叉车门架的升降机构等。

单联滑轮组绕入卷筒的钢丝绳数只有一根。单联滑轮组的优点是结构简单,重量轻。其缺点是绳索在卷入或卷出时,有水平移动;起升速度大时,必引起重物晃动,不利于机器的安装工作。克服办法是:在绳索绕入卷筒之前通过一个固定的导向轮。这种滑轮组用于臂架起重机上,或用于要求结构紧凑的电动葫芦中。

双联滑轮组绕入卷筒的绳索为两根。桥式起重机常用这种滑轮组。双联滑轮组克服了单联滑轮组的缺点,重物在升降过程中没有水平移动。为平衡两个单联滑轮组绳索的拉力与长度,可采用平衡杆或采用平衡轮,平衡杆和平衡轮分别如图 2-4-9 (a)、(b) 中 P 处所示。

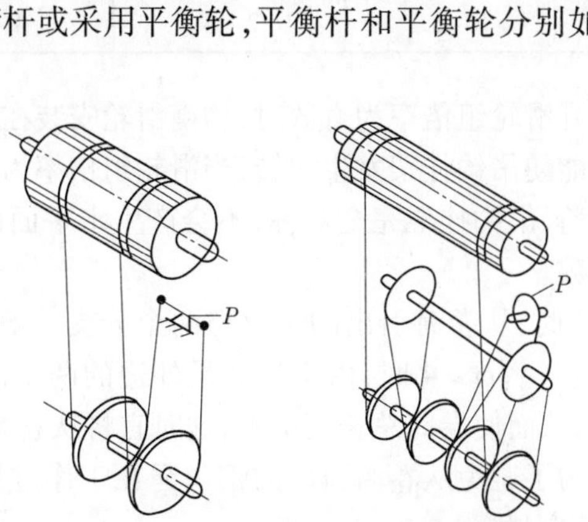

(a)平衡杆　(b)平衡轮

图 2-4-9　滑轮组中的平衡杆和平衡轮

省力单联滑轮组多用于小型臂架型起重机和电动葫芦等,而双联滑轮组和多联滑轮组多用于桥架型起重机和大起重量的起重机。

4.2.2.2　倍率

滑轮组倍率 m 是省力滑轮组的省力倍率数，也是增速滑轮组的增速倍率数，若不考虑滑轮中的摩擦和钢丝绳的僵性阻力，倍率可以表示为：

$$m = Q/S = L/H = V_0/V$$

式中　m——滑轮组倍率；

Q——被提升的物品重量，N；

S——钢丝绳自由端拉力，N；

L——钢丝绳自由端移动的距离，m；

H——物品提升距离，m；

V_0——钢丝绳线速度，m/s；

V——物品的提升速度，m/s。

在起升机构设计中，恰当地确定滑轮组倍率也很重要。选用较大的倍率可以使钢丝绳的受力减小，从而使钢丝绳直径、卷筒和滑轮的直径减小；减小卷筒直径可以使卷筒受转矩减小，即减速器输出轴的转矩减小，从而可以选用较小的减速器，使整个起升机构达到紧凑、质量小的效果。但是滑轮组倍率过大又使滑轮组本身笨重复杂，卷筒增长，同时使效率降低，钢丝绳磨损严重。一般的原则是：大起重量的起重机选用较大的倍率，以避免采用过粗的钢丝绳；当采用双联滑轮组时，宜选用较小的倍率，因为这时分支数与滑轮的数目较多；起升高度很高时，宜选较小的倍率，以免卷筒过长。表 2-4-1 为起升机构常用滑轮组倍率的参考数值。

表 2-4-1　起升机构常用滑轮组倍率

起重量(t)		≤5	8 ~ 32	50 ~ 100	125 ~ 250
m	单联滑轮组	1 ~ 4	3 ~ 6	6 ~ 8	8 ~ 12
	双联滑轮组	1 ~ 2	2 ~ 4	4 ~ 6	6 ~ 8

当桥架型起重机起升滑轮组倍率为奇数时，均衡滑轮安装在吊钩挂架上，由它引出的两支钢丝绳的张力有可能使吊钩挂架发生扭转；当滑轮组倍率为偶数时，均衡滑轮安装在小车架上并承受扭转载荷，吊钩挂架完全对称，不会产生水平面内的扭转摆动。因此，最好将滑轮组倍率取为偶数。

当滑轮组倍率 $m \leq 4$ 时，从卷筒引出的钢丝绳两个分支一般引到吊钩挂架最外边的两个滑轮上；当滑轮组的倍率 $m > 4$ 时，由于挂架最外边的两个滑轮间距太大，使卷筒中间光滑部分的长度增加，从而使卷筒总长度增大，这时宜将从卷筒引出的两支钢丝绳引至吊钩挂中央两个滑轮。为了避免从卷筒引出的钢丝绳在工作过程中与其他分支相碰，中央两个滑轮的直径应做得大些。

4.3　滑轮的制造

铸造滑轮常用材料为灰铸铁（如 HT－200）、球墨铸铁（QT40－10），具有廉价、工艺性好、易于切削加工的特点，且由于其弹性模量较小，可减小与钢丝绳之间的挤压应力，对钢丝绳的损伤小，有利于延长钢丝绳的使用寿命。灰铸铁滑轮的缺点是强度低、脆性大，在碰撞中容易引起轮缘破裂，寿命较短，因此多用在轻、中级工作类型的起重机上，在粗暴工作环境和不易检修环境下多改用铸钢滑轮。

铸钢滑轮常用的材料是ZG270－500，其改善了灰铸铁滑轮的不足，强度和冲击韧度都较好，可用于工作级别较高、重载、粗暴工作条件以及不易检修更换的场合。但铸钢滑轮工艺性较差，绳槽表面硬度高，对钢丝绳损伤大。

焊接滑轮。对于大尺寸（$D>800$ mm）的滑轮多采用焊接滑轮，材料为15号钢Q235钢。这种滑轮与铸钢滑轮大致相同，但质量很轻，有的可减轻到铸钢滑轮的1/4左右。

焊接滑轮首先是把具有绳槽形状的型钢热弯成需要的直径后与轮辐焊接在一起，然后与安装轴承的轮毂焊接在一起后再加工滑轮的外圆和轮内孔，其轮辐、轮缘、轮毂的材料要求具有一定的强度、韧性和焊接性，一般采用性能不低于Q235B的材料。焊接滑轮具有自重轻、强度高、外形美观的优点。但在焊接成形后绳槽部分一般不再加工，很难控制其绳槽的焊接变形，因此工作平稳性差，钢丝绳的磨损严重。

热轧焊接滑轮首先是直接在圆环形钢板坯料上加热，用成形模具把圆板边缘轧制成所需要的绳槽形状，然后与轮焊接在一起，再加工滑轮的外圆和轮毂内孔。热轧焊接滑轮除具有焊接滑轮的优点外，由于其比焊接滑轮减少了一次焊接工艺，避免了绳槽的焊接变形，且生产率很高，故广泛使用于各类起重机上，具体制造流程见图2-4-10。

双辐板轧制滑轮是由轮辐、轮缘、轮锻组合而成的一种滑轮，其轮辐、轮缘由两片薄钢板压制成形，相对而合，轮辐上有若干个圆形减重孔，孔内装有管套，用胀管铆接的方法将管套和两片轮辐紧密地连接为一体，在轮缘内侧部位镶嵌有圆环形工程塑料作为绳槽。两片轮辐一般采用性能不低于Q235B的材料，绳槽材料可采用MC尼龙。双辐板轧制滑轮具有质量小、用材省、对钢丝绳损伤小和使用寿命长的特点，当绳槽磨到一定程度后，仅需更换尼龙绳槽即可。尼龙绳槽一般用紧定螺钉固定，更换起来比较方便。

目前尼龙滑轮和铝合金滑轮在起重机上已有应用。尼龙滑轮轻而耐磨，但刚度较低。铝合金滑轮硬度低，对钢丝绳的磨损很小，但造价较高。

承受载荷不大的小尺寸滑轮（$D<350$ mm）一般制成实体的滑轮；受大载荷的滑轮一般采用球铁或铸钢，铸成带筋和孔或带轮辐的结构；大型滑轮（$D>800$ mm）一般用型钢和钢板焊接结构。

4.4　滑轮组的装配

滑轮是各种装卸机械传动机构中第二种主要传动机构。它具有很高的机动性和灵活性，它能够分配压力与重力，还具有移位、转向、提升和下降等优点。因此，滑轮在起重机械中使用相当普遍。

装配前按图纸要求确认该滑轮的型号，然后清理滑轮的里外油漆、油污，两端面必须要回丝，以保证螺孔的清洁有效，在安装前用冷风将清理后的滑轮吹净并用干净的棉布擦净，待装。

接下来要确认须装配的轴承，经确认后的滑轮与对应的内孔尺寸轴承弹性圈进行装配，按设计要求，注意轴承安装方向，通常轴承内外圈端面钢印号应该安装在滑轮的两个端面，其目的为今后维修滑轮者提供有效的轴承型号，以利于更换。

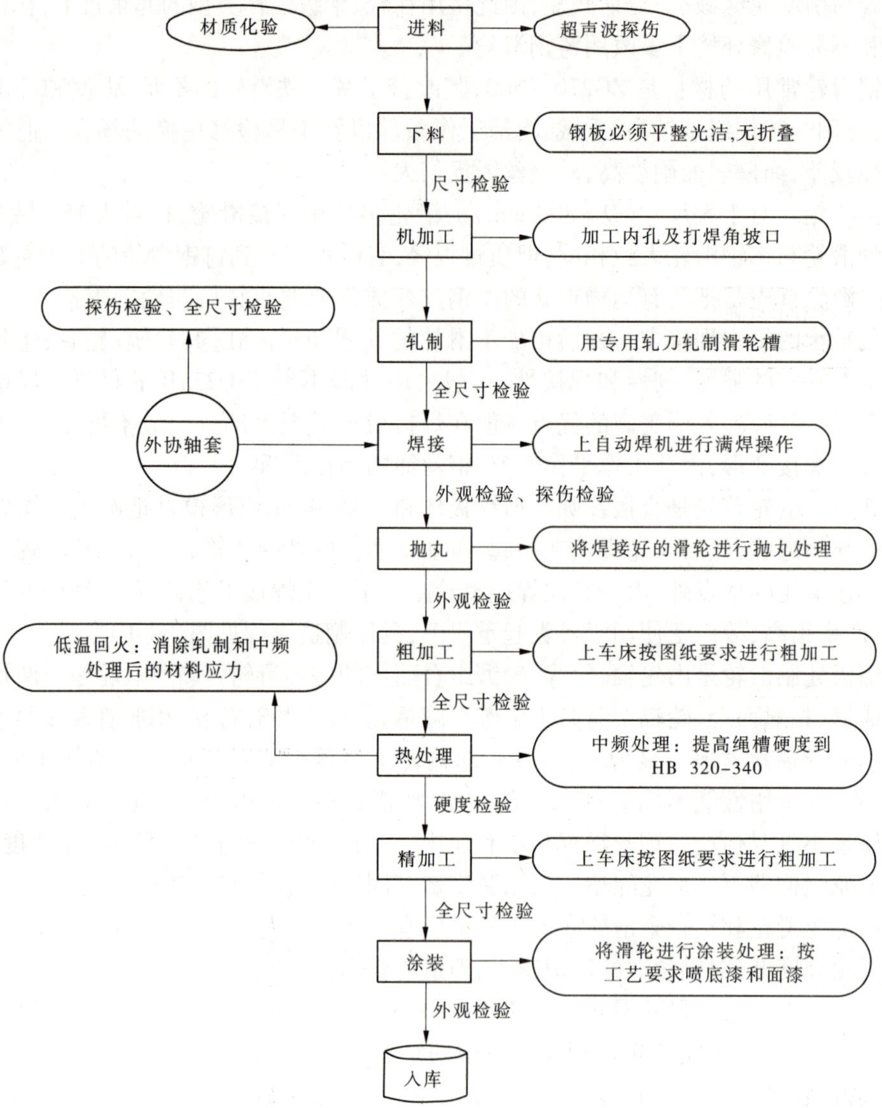

图 2-4-10　热轧焊接滑轮制造流程

最后,必须要注灌润滑油,然后安装通盖,确认通盖上的油封方向。油封安装目的是防尘、防渗油;如果是备件,必须在安装通盖前按轴承外形剪两张坚固干净的纸先盖在轴承上,然后安装通盖,以保证运转过程中尘埃无法进入,而经组合完整后的滑轮待装前也必须整齐堆放,而每一个滑轮之间必须用坚固干净的纸或板作间隔,以防尘埃与铁屑进入(见图 2-4-11)。

4.5　质量要点

(1)不要遗漏轴承内隔圈的放置与内隔圈上的透油孔的确认,如果遗忘,当轴承安装后,会产生很大的轴向窜动,造成质量事故而返工。

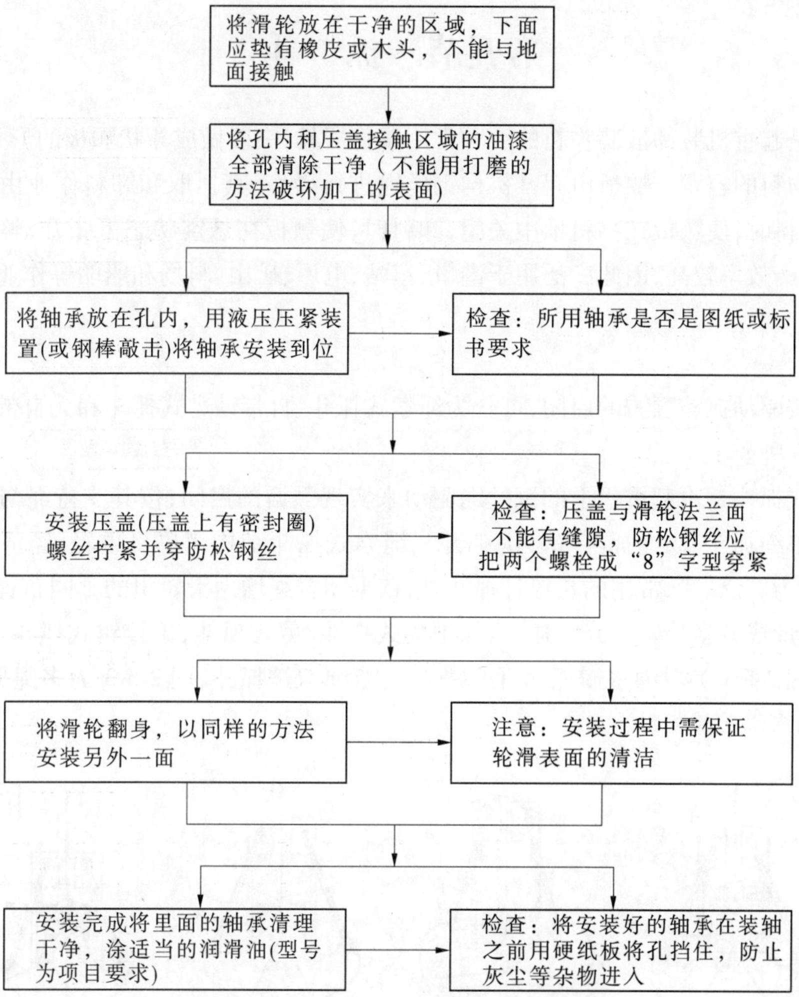

图 2-4-11 滑轮组装配工艺

(2)轴承本体精加工的精度差别非常重要,原则上要求轴承内圈可拆卸安装的,必须按原配安装。因为每一副滚动轴承的滚子、滚珠与内圈滚道都是绝配,如果不慎与另一副轴承混装,今后安装在传动机构使用中会产生阻滞现象,严重的会引起滑轮无法转动,而且对今后的维修与检查也会带来很多返修与麻烦。

(3)滑轮组分动滑轮组和定滑轮组。起重机中的动滑轮组装在吊钩组中,而定滑轮组则装在小车架上。除平衡滑轮外,其他滑轮都装有滚动轴承。

为了小车布局的紧凑,定滑轮组多装设在小车架的下面,上边还设有防护罩,不易观察,所以就要更加注意。必要时应把防护罩打开或从小车下边观察吊钩组在升降时,各工作滑轮是否转动,滑轮轮缘是否破碎。定滑轮组在歪拉斜吊重物时,最容易造成滑轮壁面的破碎,发现后应及时修理或更换,防止磨损钢丝绳或使钢丝绳脱槽。

第五节　抓　斗

抓斗是起重机装卸散装物料的一种常用取物器具，一般做成斗状颚板的形式，构成容纳被抓取物料的容积。颚板由起升机构钢丝绳进行操作，其抓取和卸料作业由起重机司机操控，装料时，使颚板在物料堆中关闭，卸料时，使颚板在悬空状态下张开，整个过程操作便捷，生产效率较高，因此广泛用于港口、车站、电厂、矿山、料场和船舶等作业场所。

5.1　型式

抓斗按驱动抓斗颚瓣的启闭，可分为绳索式抓斗、自带动力式抓斗和无自带动力非绳索式抓斗三种。

绳索式抓斗是由起重机上的钢丝绳驱动来实现颚瓣的启闭，按其支持绳与闭合绳分支数分为单绳抓斗、双绳抓斗和多绳抓斗。绳索式抓斗结构简单自重轻，经济实用成本低，应用较为广泛。除常用的长撑杆抓斗外，依据闭合绳增力滑轮组的不同布置及附加传动构件，可形成许多特殊形式的抓斗，如耙集式抓斗、剪式抓斗、单铰钳式抓斗、扭矩齿式抓斗等。图 2-5-1 为单绳多瓣抓斗，图 2-5-2 为双绳双瓣抓斗，图 2-5-3 为多绳原木抓斗，图 2-5-4 为多绳疏浚抓斗。

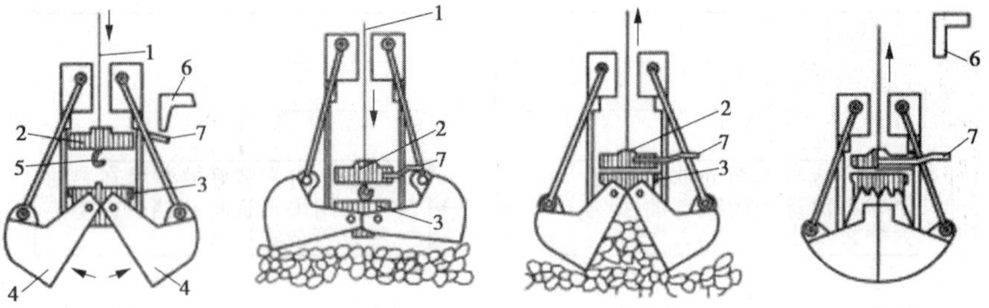

(a)开启　(b)准备　(c)抓取　(d)起升

1—绳索；2—中横梁；3—下横梁；4—颚板；5—钩子；6—挡板；7—杠杆

图 2-5-1　单绳多瓣抓斗

自带动力式抓斗是由自身动力装置驱动来实现颚瓣的启闭，其抓取能力取决于该动力装置的功率。图 2-5-5 为电动液压双瓣抓斗，图 2-5-6 为电动液压多瓣抓斗，此类抓斗结构较为复杂，自重较大，重心较高，并需配置供电电缆卷绕装置和过载安全保护装置，制造成本较高。因电动机绝缘等问题，自带动力式抓斗不适于水下作业。

无自带动力非绳索式抓斗是利用外供的工作介质如压力油液或压力气体驱动来实现颚瓣的启闭，其具有自带动力式抓斗的抓取装载能力较大的优点，且自重较轻，制造成本较低。

图 2-5-2　双绳双瓣抓斗

图 2-5-3　多绳原木抓斗

图 2-5-4　多绳疏浚抓斗

图 2-5-5　电动液压双瓣抓斗

图 2-5-6　电动液压多瓣抓斗

5.2　主要部件

以常用的双(多)绳长撑杆双瓣抓斗介绍抓斗的零部件如图 2-5-7 所示,其零部件主要有上横梁,下横梁,撑杆,鄂瓣,上、下滑轮组等构件组成。此类抓斗适用于抓取粒度和容重不大且较为疏松的物料(例如:粮食、煤炭、砂石、化肥、水泥、石灰、松土等),一般采用作平面对称运动的左右撑杆和呈蛤壳状的双瓣形式,是目前应用最为广泛的抓斗。

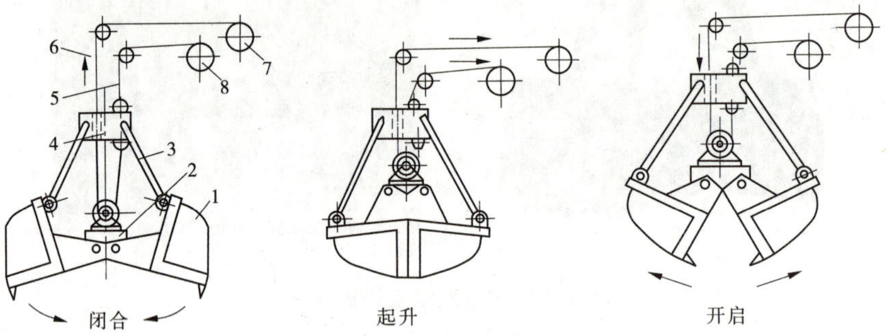

1—颚瓣;2—下横梁;3—撑杆;4—上横梁;5—起升绳;
6—开闭绳;7—启闭卷筒;8—起升卷筒

图 2-5-7　抓斗的零部件

起重机起升的钢丝绳下端(起升绳)与上横梁的系件相接,上端绕在起升卷筒上;另一根钢丝绳(开闭绳)穿过上横梁的导孔(一般装有滑动式或滚轮式导绳装置)分别绕入位于下横梁和上横梁上的滑轮,形成增力滑轮组,工作原理见表 2-5-1。

表 2-5-1　抓斗工作原理

抓斗动作	起升绳	开闭绳
抓斗下降	与开闭绳同步下降	与起升绳同步下降
抓料、闭合	—	上升
抓斗上升	与开闭绳同步上升	与起升绳同步上升
抓斗打开卸料	—	下降

5.2.1　上横梁

上横梁通常采用强度较高(屈服强度≥345 MPa)、焊接性能较好的 Q355 合金结构钢板,使用 J507 焊条焊接而成。整个上横梁的板式结构形状尺寸应适宜于撑杆、滑轮组及防脱绳装置、支持绳联接件和闭合绳导向装置及闭合绳端的联接件等构件的配置,以确保相关的撑杆、滑轮、导绳装置各部件活动自如,并具足够的强度、刚度和稳定性。

上横梁的具体结构形式各异,图 2-5-8 是一种常用的结构形式。图 2-5-9 是上横梁的三维结构图。

有时因结构安排需要,闭合绳端连接装置亦可设在滑轮轴竖板上或滑轮轴上。考虑滑轮轴支承板处滑轮轴孔以及撑杆上铰轴侧板处销轴孔的比压强度要求,常在这些轴孔处加焊环形重板,以增宽轴孔支承面。滑轮轴线与撑杆轴线多为相互平行,也有相互垂直或形成一定的水平夹角的。对于具有两根闭合绳的四绳抓斗,则在上横梁面板上安排两

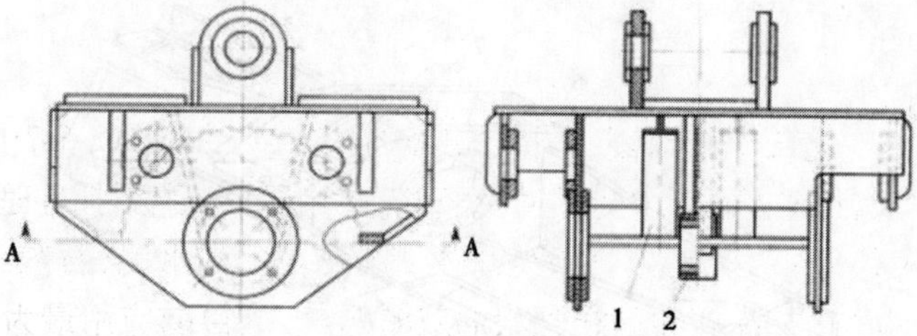

1—滑轮罩及支架；2—滑轮轴中部支承

图 2-5-8　上横梁的结构

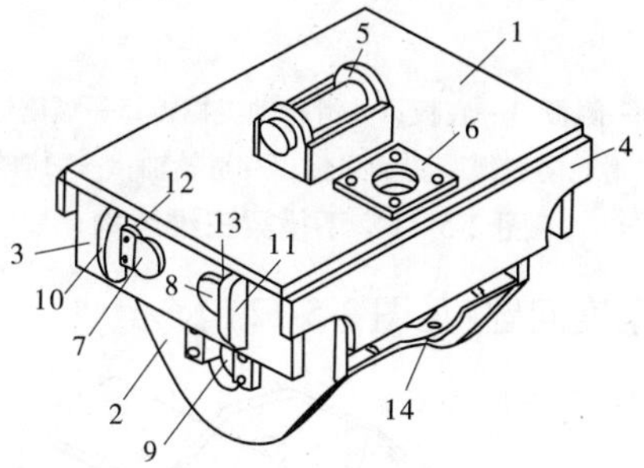

1—面板;2—滑轮轴支承板;3—撑杆上销轴支承侧板;4—加强版;5—起升绳系件架;
6—闭合绳导向装置座板;7、8—撑杆上销轴;9—滑轮轴;10、11—撑杆销轴护板;
12、13—销轴闩板;14—加强版,连接滑轮防脱绳装置

图 2-5-9　上横梁的三维结构

个装设闭合绳导孔及导绳装置的位置。个别场合可将左右对称摆转的撑杆上端铰点孔支承在上横梁上同一轴线上的不转铰轴上,形成复合铰链,此时在上横梁滑轮轴孔上方设置一个轴孔,以能装置向外悬臂的心轴(见图 2-5-10)。

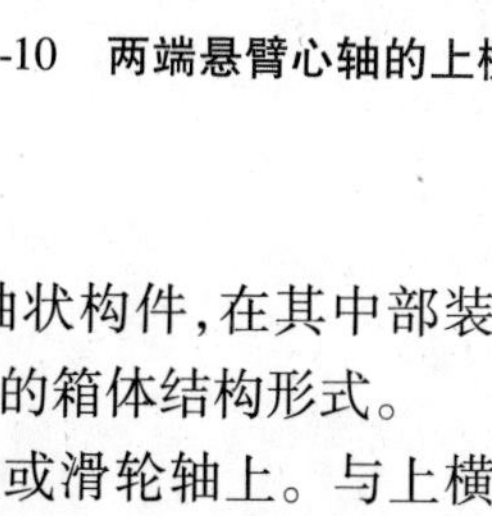

图 2-5-10　两端悬臂心轴的上横梁

5.2.2　下横梁

下横梁一般采用与上横梁相同的材料焊接而成,其形状尺寸应适宜于滑轮组、闭合绳端的连接件,滑轮的防绳装置以及鄂瓣等部件的配置,装上的滑轮及鄂瓣必须活动自如无卡滞,同样需要具有足够的强度、刚度和稳定性。

下横梁具体结构形式同样各异,最简单的可仅采用一个轴状构件,在其中部装设滑轮,在两端作为颚瓣的铰孔支承。较为实用的是图 2-5-11 所示的箱体结构形式。

因结构安排原因,闭合绳端联接装置亦可设在滑轮轴竖板或滑轮轴上。与上横梁相似,在一些支承板的轴孔处通常加焊环形重板。下横梁滑轮轴竖板往往与颚瓣中心轴线不垂直,形成的偏斜角需依据闭合绳绕入上下滑轮组是否顺畅以及是否与滑轮轮缘碰擦来确定。

因结构安排需要,为降低下横梁的高度,可将滑轮轴竖板下沉插入箱体,并通过合理

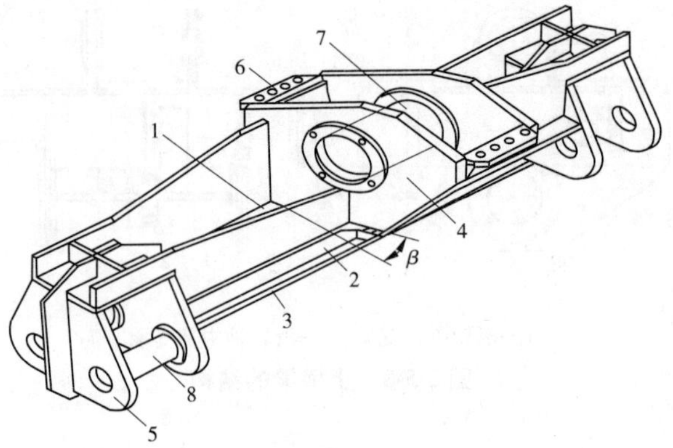

1—面板；2—侧板；3—底板；4—滑轮轴支撑板；5—颚瓣铰轴支承板；
6—滑轮防脱绳装置加强板；7—滑轮轴；8—颚瓣铰轴

图 2-5-11　下横梁三维结构

的布板结构来解决强度与刚度问题(见图 2-5-12)。

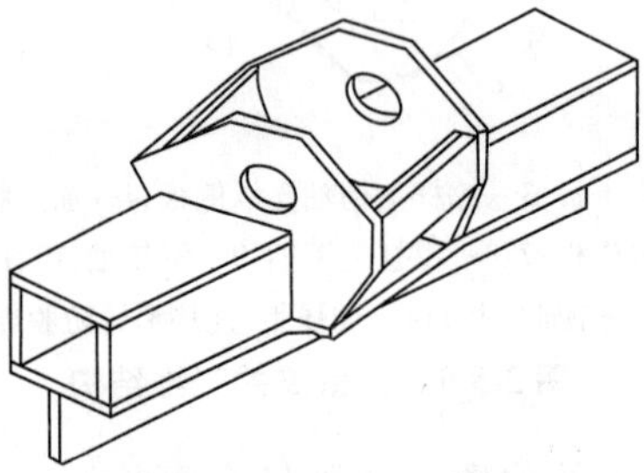

图 2-5-12　降低高度的下横梁的结构形式

若抓斗容积较小，常选择两个颚瓣支承在下横梁上同一个轴线的中心铰轴上，形成复合铰链(这种方式能较好地避免左右颚瓣闭合时下端口错位)，可将下横梁两端制成图 2-5-13的形式，在箱体中增焊竖板 1 及隔套 2，中心铰轴 3 插入隔套并用销钉固定，形成向外悬臂状，以支承两个可相对摆转的颚瓣孔套。

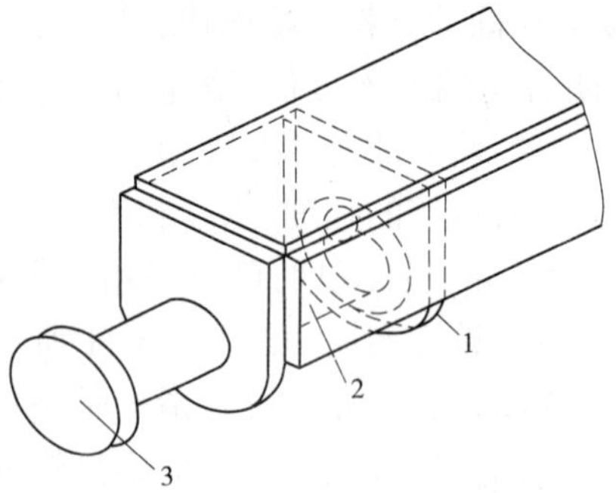

1—竖板；2—隔套；3—中心铰轴

图 2-5-13　两端具悬臂铰轴的下横梁结构形式

5.2.3　撑杆

撑杆的结构比较简单，它仅作为与上横梁和颚瓣间联接的活动构件，上下两端分别与上承回转运动副。长度由抓斗的运动要求确定，截面尺寸则根据杆件所受压计算确定。

5.2.4　鄂瓣

抓斗在抓取一定量的物料颚瓣闭合后须形成具有一定容积的容器，故而颚瓣呈壳状体，要求其形状便于切入物料，承载物料，且合理确定壁厚及相关尺寸，保证一定的容量及足够的强度、刚度和稳定性，图 2-5-14 所示是常见的颚瓣形状。

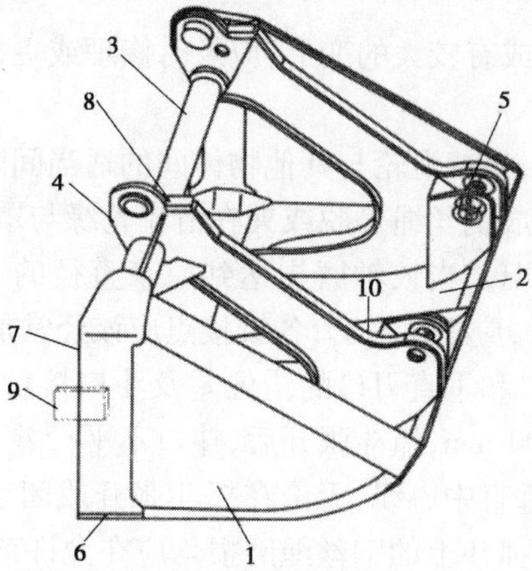

1—端面板；2—侧底板；3—联结管；4—主承载板；5—撑杆销轴；
6—底刃口板；7—端面刃口板；8—限位板；9—导向块；10—加强筋板

图 2-5-14　常见的颚瓣形状

颚瓣一般由两个端面和一个侧底面围合而成，端面多似三角形，上边倾斜度随被抓物料的堆积角增大而增大，下边缘常为组合曲线，当为简单倾斜直线时，有利于减小颚瓣切入大块物料的阻力。为增大颚瓣有效容积，对于抓小块物料时，颚瓣端面的下边缘可采用单纯的圆弧线。一般采用斜直线与圆弧组合的线型，斜直线的斜度较大时，适宜于抓取较湿润的物料。颚瓣的侧底面多为柱形面，对于抓取黏结、大块物料的颚瓣，宜将侧底面斗口处下边缘制成弧状。

端面的面积根据颚瓣所需容积及侧底面宽度确定。减小侧底面宽度有利于颚瓣插入物料，但过窄易使抓斗在支承面上倾倒。颚瓣一般采用 Q235 或 Q355 钢板焊接而成，在端面与底侧面相交处加焊加强板。斗宽较大时，在连接两个端面中间的侧底板上增焊加强筋板，两个端面间焊置钢管或板体，以保持颚瓣的整体刚度。在颚瓣上部设置与下横梁中心轴相配的铰孔，铰孔所在板件承受载荷重，应采用刚强的板材结构，与底侧板焊固。主承载板的另一端设置与撑杆下端相配合的铰孔，销轴联接，在铰孔处加焊环形重板，以减小支承面板材比压。颚瓣插入物料的刃口应具足够的强度、刚度和耐磨性。根据物料的特性，应采用优质板材与颚瓣底侧面、端面进行镶连焊接。

5.3　抓斗的制造工艺及装配过程

抓斗的制造工艺及装配过程如下：

原材料进厂检验—根据图纸下料—板材预弯—斗体焊接—刃板焊接—颚板焊接—喷丸处理—撑杆焊接—安装下横梁—安装撑杆—安装上横梁

5.4　质量要点

(1)目前使用的抓斗,根据抓取物料容重的不同,分为轻型抓斗、中型抓斗和重型抓斗三种。具有不同起重量的桥式起重机,装卸不同货种应配用不同型号的抓斗。

(2)在使用过程中,由于起重工作频繁,抓斗快速下降与物料碰撞剧烈,极易损坏,所以要加强检查,检查内容如下:

若抓斗刃口板磨损严重或有较大的变形,应及时修理或更换。对新更换的刃口板,应严格检查焊缝质量;

经常检查滑轮磨损情况,保持滑轮与其他物体间的适当间隙。间隙过小,会造成滑轮或罩子磨损;间隙过大,会造成钢丝绳松脱或夹在滑轮轮缘与罩子之间。

经常检查铰轴的磨损情况。当铰轴磨损达到原来直径的10%时,应更换铰接轴;衬套磨损超过原壁厚的20%时,应更换衬套;各铰接点应该经常加注润滑油脂。

抓斗闭合时,两水平刃口和垂直刃口的错位差及斗口接触处的间隙不得大于3 mm,最大间隙处的长度不大于200 mm;抓斗张开后,斗口不平行差不得超过20 mm;抓斗起升后,斗口对称中心线及抓斗垂直中心线,无论在抓斗张开或闭合时,都应在同一垂直平面内,其偏差不得超过20 mm;抓斗上的钢丝绳磨损均应在允许范围内。

(3)抓斗抓满率。在新堆放的松散物中,物料面成水平状态,抓取五次,以平均值计算抓满率。物料的粒度,当抓斗容积不大于2 m^3时在40 mm以下,容积大于2 m^3时在80 mm以下。

当试验物料的堆积密度小于(-0.1以上)设计密度时,以体积计。抓满率,当大于(+0.1以上)设计密度时,以抓取重量计算抓满率。

试验、计量应在无风的天气,有良好的视野、无障碍物、平坦地面及面积不小于25 m^2的场地上进行。

体积计量法:在计量场地中心向外成90°拉钢卷尺,以0.5 m单位连续做标志。由操作熟练、经验丰富的司机操纵抓斗,从物料堆抓取物料,投放到标志中心处,连续抓取投放五次。取新物料堆在标志线接触处数值的平均值,测量新物料堆底圆半径R、高度h,然后按圆锥体体积公式$V = 1/3\pi R^2 h$计算实际抓取物料的体积,再除以5,实际与抓斗设计容积之比,即为抓斗抓满率。

重量计量法:将五次抓取的物料放入一个容器内,称取总重量,再除以5,实际与设计抓取重量之比,即为抓斗抓满率。

第三章　轨行式运行机构

运行机构作为起重机四大机构之一,用于对起重机或小车本身重量和起升载荷进行支撑,并使起重机或小车沿一定轨道、路线行走运行。从运行装置分类,桥架型起重机的运行机构分为轨行式和轮胎式两类,集装箱门式起重机有轨行式和轮胎式,提梁机较多地采用轨行式,本书重点研究桥架型起重机通常采用的轨行式运行机构,本章以桥架型起重机的运行机构为例,对其机构的型式、零部件和生产工艺等进行介绍。

本章涉及的国家标准和行业标准化历史导图见图 3-0-1、图 3-0-2。

第一节　桥架型起重机运行机构的组成和典型形式

桥架型起重机运行机构类型多样,主要可分为大车运行机构、小车运行机构,常见的小车运行机构又分为双梁小车运行机构、单梁小车运行机构、悬挂小车运行机构等,大车运行机构的作用是使整个起重机在地面或吊车梁上的起重机运行轨道上移动,小车运行机构的作用是使起重小车在起重机的小车运行轨道上移动。依靠大车运行机构、小车运行机构、起升机构的配合移动,形成了桥架型起重机进行吊运工作的立体空间范围。

无论大车运行还是小车运行,其机构均由运行支承与运行驱动装置两大部分组成。运行支承装置用来承受起重机的自重和外载荷,并将起重机所受内外载荷传递给轨道基础,由车轮组、轨道、均衡装置等组成。运行驱动装置用来驱动起重机在轨道上运行,由电动机、减速器、制动器等组成,桥架型起重机运行机构类型与构成如图 3-1-1 所示。

传统的桥架型起重机运行机构设计主要从起重量开始进行,随着近年来车轮组、轮箱及标准端梁头等模块化设计的产品出现,以承压能力为主来综合考虑运行驱动装置选型的设计方法变得很符合现实需要。

1.1　大车运行机构的典型形式

大车运行机构的传动方案按照驱动力传递方式可以分为两类:即集中驱动和分别驱动。采用何种驱动方式与起重机的跨度有很大关系,集中驱动的布置形式常应用于小跨度(≤13.5 m)的起重机,分别驱动则应用于较大跨度(10.5 ~ 32 m)的起重机,目前在桥架型起重机的大车运行机构中分别驱动已基本替代了传统的集中驱动形式。

1.1.1　**大车运行集中驱动**

集中驱动就是指由一台电动机通过传动轴分别驱动两边车轮运行。根据传动轴的布置和转速,可分为低速轴集中驱动、高速轴集中驱动和中速轴集中驱动。

(1)低速轴集中驱动的布置方式(图 3-1-2)是电动机布置于桥架中央,仅和一台减速器连接,通过传动轴同时驱动两边车轮运行,设备成本较低,驱动工作可靠,但传递的扭矩大,轴径粗,自重较大,适宜配合小跨度的桥架。

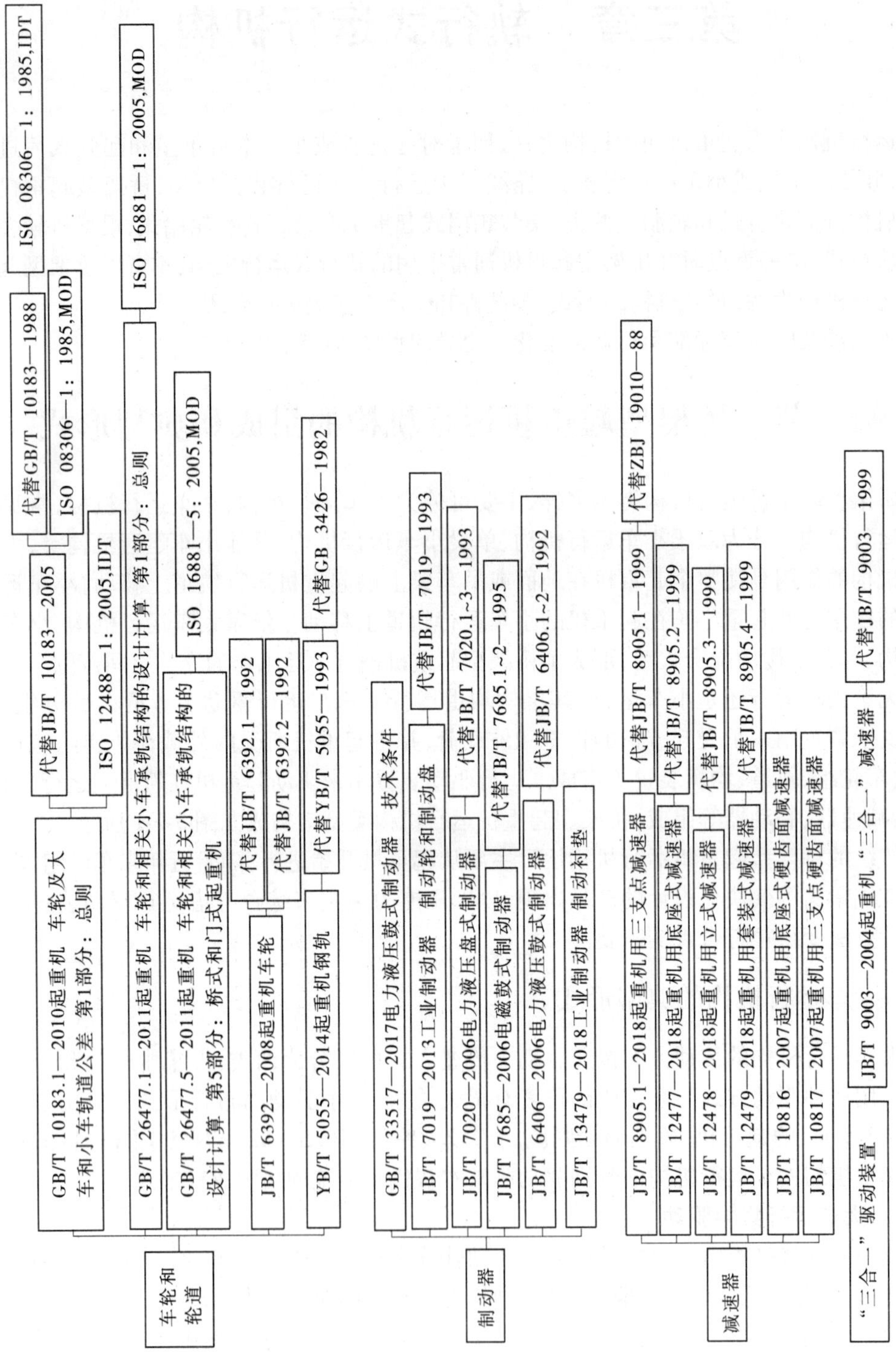

图 3-0-1　本章涉及的国家标准和行业标准化历史导图

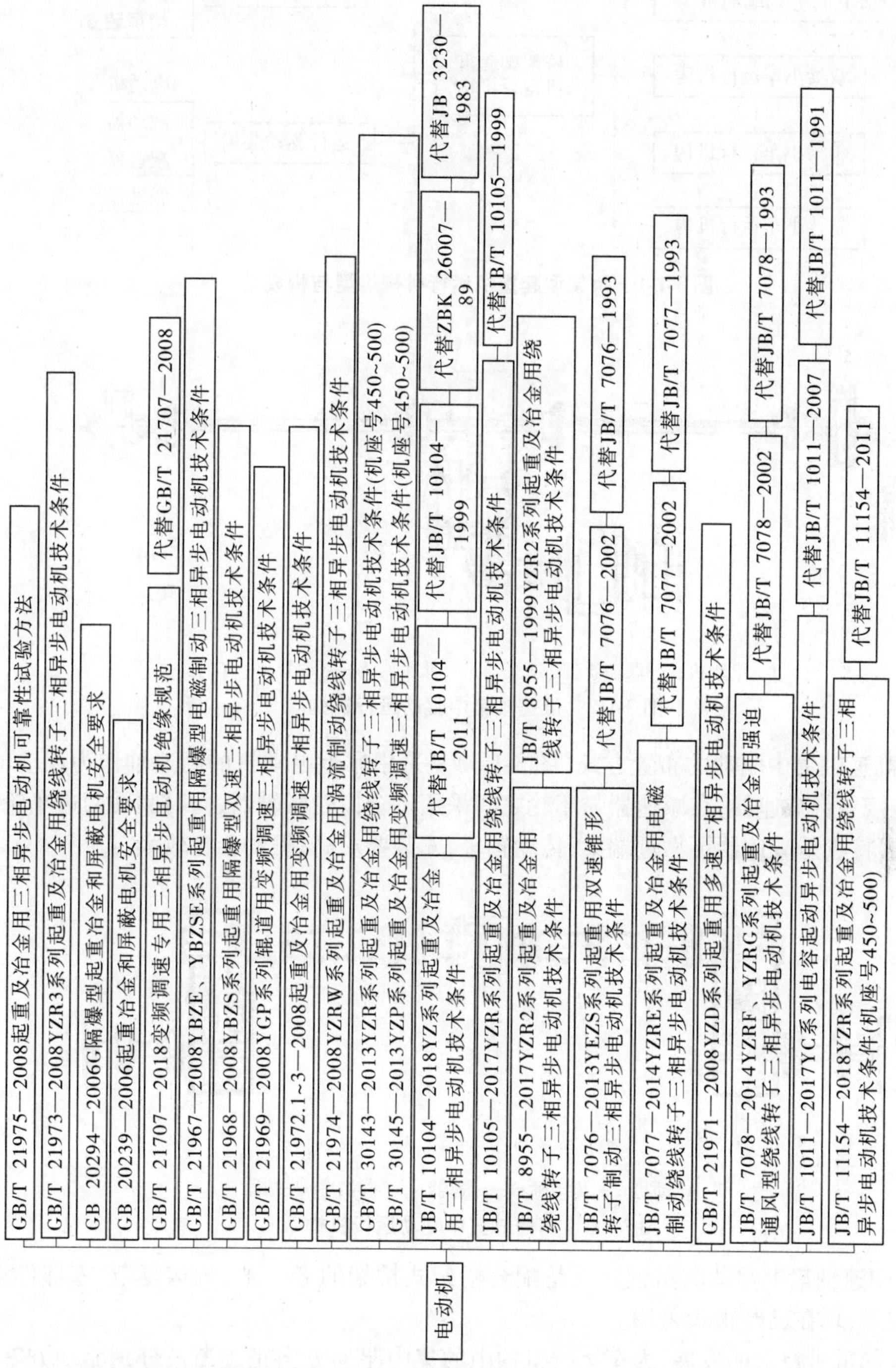

图 3-0-2　**本章涉及的国家标准和行业标准化历史导图**

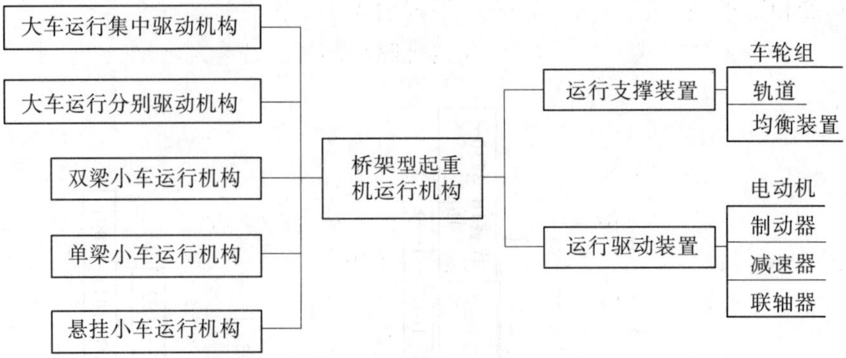

图 3-1-1　桥架型起重机运行机构类型与构成

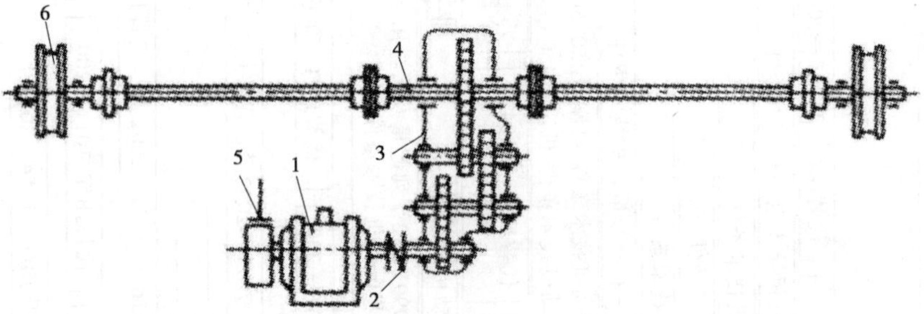

1—电动机;2—联轴器;3—减速器;4—低速轴;5—制动器;6—车轮

图 3-1-2　低速轴集中驱动运行机构

(2)高速轴集中驱动的布置方式(图 3-1-3)是采用靠近电动机的高速轴作为浮动轴,两边各连接一台减速器,在减速器与车轮之间采用了全齿轮联轴器,同时驱动两边车轮运行,其布置特点是减速器更靠近端梁,传动轴轻,安装要求高,振动会比较大。

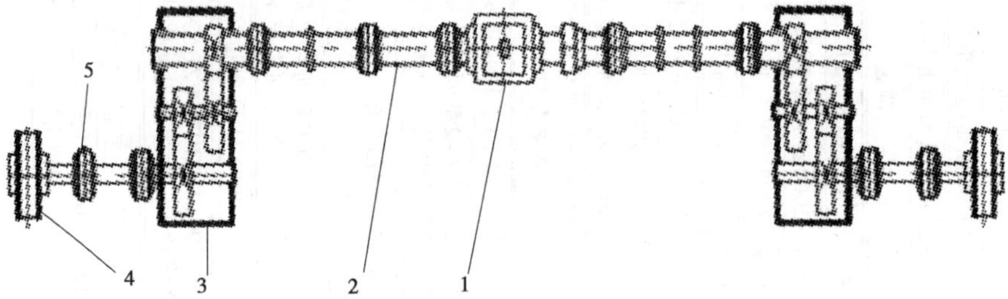

1—电动机;2—传动轴;3—减速器;4—车轮;5—联轴器

图 3-1-3　高速轴集中驱动运行机构

(3)中速轴集中驱动的布置方式是配合桁架式桥架的老方式,机构复杂,零部件多,分组性较差,现在已经很少采用。

随着起重机技术的发展,大车运行机构中的集中驱动方案正逐渐被分别驱动方案所替代,在桥架型起重机大车运行机构中已经很少采用集中驱动的形式。主要是因为集中驱动虽然仅采用一台(套)的电动机、制动器和一台或两台减速器,但随着跨度的增大,传动轴、联轴器和轴承座等零部件也会增多,不但增大了整机重量,降低了传动效率,还会引起跑偏、振动、啃轨、磨损加剧等问题,因此这种驱动形式更适合小跨度起重机或者起重小车运行机构。

1.1.2　大车运行分别驱动

分别驱动是在起重机上装设两套相同的但又不存在机械联系的驱动装置,每套驱动装置均包括电动机、制动器、减速器、车轮等,省去了中间传动轴,自重轻,部件分组性好,安装和维修方便,目前已经在起重机大车运行机构中得到了广泛应用,按照其传动轴的布置方式,常见的结构有图3-1-4所示的三种。

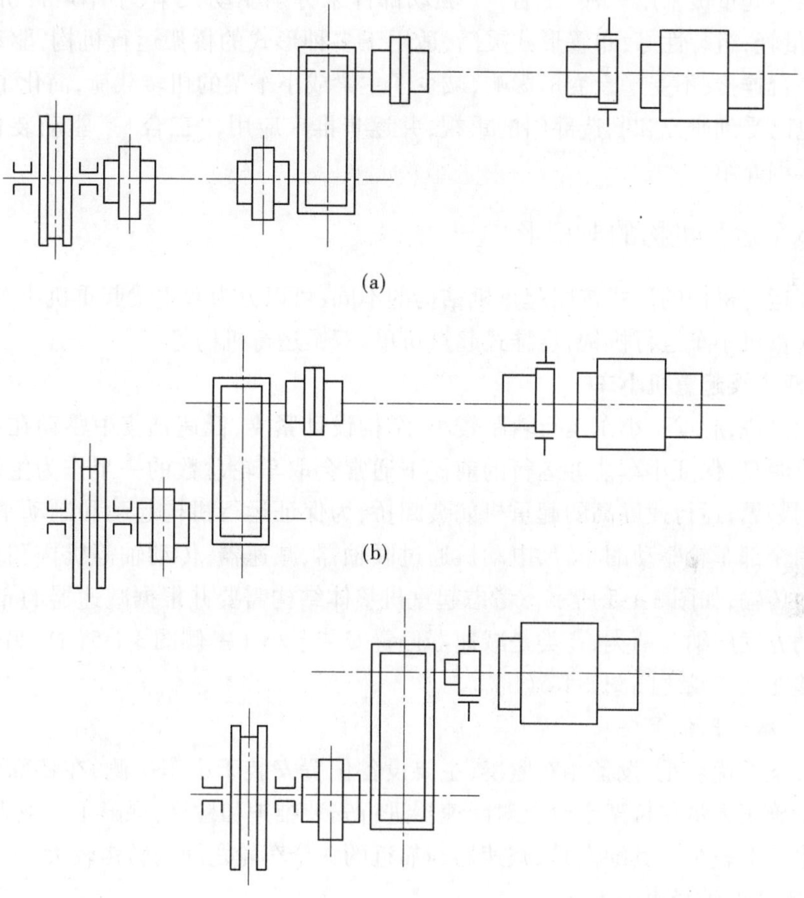

图3-1-4　大车运行分别驱动布置图

图3-1-4(a)为在高速轴和低速轴均有浮动轴的布置情况,这样的布置方式运转效能较好,但其占用布置平台空间较大,主梁承受较大的扭转载荷,适合配合大跨度的桥架使用。

图3-1-4(b)为取消低速浮动轴保留高速浮动轴的布置情况,此种布置可使减速器靠近端梁,还能减少主梁的扭转载荷和占用布置平台空间的长度,此种布置方式应用最为广泛。

图 3-1-4(c)为不采用浮动轴的布置情况,其结构紧凑,占用走台最短,易于配合小跨度的桥架。

分别驱动在起动和制动过程中,可能存在不同步现象,但只要能够保证起重机运行过程中功能正常,就允许存在一定程度的超前或滞后,分别驱动可以有效缓解起重机跑偏、振动、磨损、啃轨等问题。分别驱动由于锥形制动电机、“三合一”驱动装置的开发以及驱动制动传动装置的轻巧紧凑,又省掉了集中驱动必须的联轴器、轴承座、支座、传动轴等部件,从而减轻了重量,降低了安装和检修维护成本,虽然有多套电动机、制动器、减速器等部件,但整体成本并不会有太大变化,运行性能得到了有效提升。

桥架型起重机采用一种“三合一”驱动部件来分别驱动大车、小车运行机构,其机构紧凑,重量轻,组装性好,布置形式灵活,适用于多种形式的桥架运行机构,驱动部件可不与布置平台连接,不受平台变形影响,减少了主梁或小车架的扭转载荷,简化了平台构造,在我国也已受到研究和制造部门的重视,并逐步推广应用,“三合一”驱动装置会在第三节进行详细介绍。

1.2　小车运行机构的典型形式

小车运行机构的形式按照起重机结构的不同,可以分为双主梁起重机小车运行机构,单主梁起重机小车运行机构,悬挂式起重机单、双梁运行机构等。

1.2.1　双主梁起重机小车

一般来说,起重机小车运行轨距较小,结构设计紧凑,低速轴集中驱动在小车运行机构中优势明显,保证小车能够运行的前提下通常会取车轮总数的一半作为主动轮。也有一些使用频繁,运行速度高的起重机如装卸桥,为保证运行机构起动和制动平稳可靠,也常会采用全部车轮驱动的布置,电动机通过联轴器、减速器、传动轴等机构和主动轮连接进行动力传输,如图 3-1-5 所示。考虑起重机整体结构需要并根据减速器的布置形式,可以将传动方案归纳为两类,一类是减速器偏置安装于小车一侧图 3-1-5(a),另一类是减速器居中装在两车轮之间图 3-1-5(b)。

1.2.1.1　减速器偏置安装

该方案的优点是,设备相对紧凑,主要设备偏置安装于小车一侧,在特殊要求情况下可以满足施工人员在桥架走台上对减速器进行安装维护和检修,保障了作业人员安全性,零部件也相对较少。其缺点是,减速器与靠近的一个车轮之间的转矩较大,等于全部输出转矩,所需要的轴径也较大。

1.2.1.2　减速器居中安装

该方案的优点是,传动轴所受到的转矩较小,每边出轴的转矩是减速器出轴转矩的一半。减速器出轴与车轮轴之间可用半齿联轴器和浮动轴联接,或用全齿联轴器与浮动轴联接。由于安装偏差允许稍大,因此易于安装。其缺点是,机构中的车轮轴承和联轴器等零件较多,显得复杂笨重,成本较高。

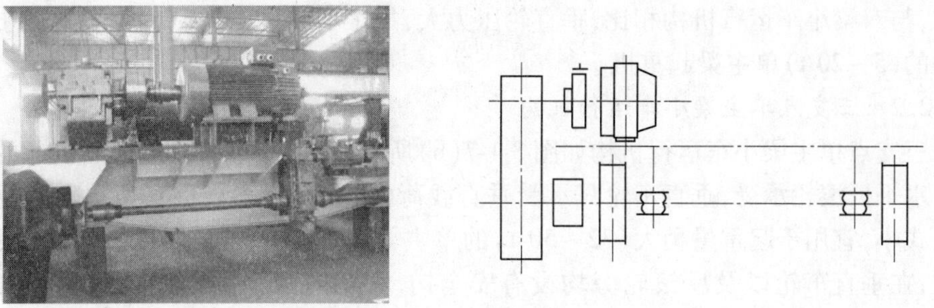

(a)减速器偏置安装

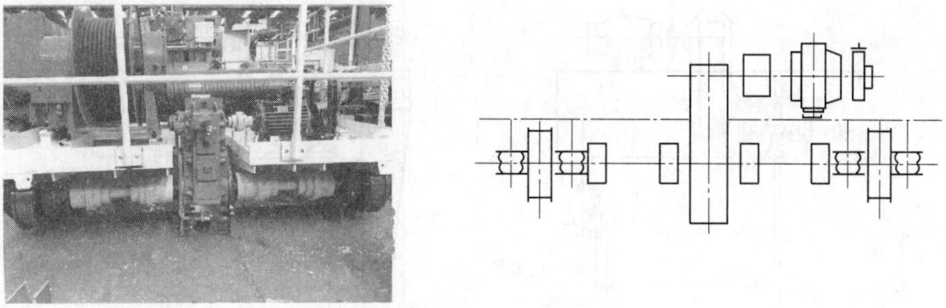

(b)减速器居中安装

图 3-1-5　小车集中驱动形式

当起重小车起重量较大、轨距较大时，也会采用分别驱动的型式，随着起重机械大型化发展趋势越来越明显，起重机小车的轨距也越做越大，小车采用分别驱动这种形式和大车运行机构的分别驱动形式类似，图 3-1-6 所示为分别驱动“三合一”的小车运行机构。

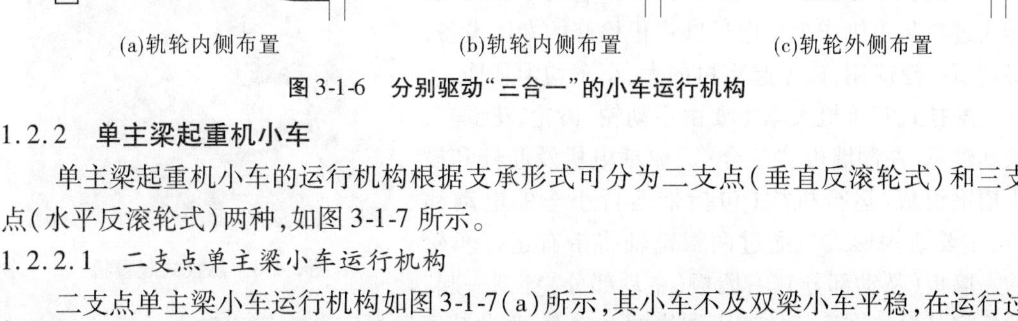

(a)轨轮内侧布置　　(b)轨轮内侧布置　　(c)轨轮外侧布置

图 3-1-6　分别驱动“三合一”的小车运行机构

1.2.2　单主梁起重机小车

单主梁起重机小车的运行机构根据支承形式可分为二支点(垂直反滚轮式)和三支点(水平反滚轮式)两种，如图 3-1-7 所示。

1.2.2.1　二支点单主梁小车运行机构

二支点单主梁小车运行机构如图 3-1-7(a)所示，其小车不及双梁小车平稳，在运行过程中车轮轮缘会经常和轨道发生摩擦，为减少摩擦阻力保证小车运行，通常会采用无轮缘车轮并加装水平轮导向和垂直反滚轮，这种结构型式需要的车轮较多，对装配精度有一定要求，与双梁小车运行机构相比，垂直轮压力大，加工和装配工作量也大。常用于起重量不大的(5 ~ 20 t)单主梁起重机。

1.2.2.2　三支点单主梁小车运行机构

三支点单主梁小车运行机构如图 3-1-7(b)所示，吊重和小车自重偏心引起的倾覆力矩由水平反滚轮承受，垂直车轮只承受垂直载荷(吊重和小车自重)，所以垂直轮压比二支点式小，宜用于起重量稍大(32 ~ 50 t)的单主梁起重机。为防止单主梁小车发生倾翻事故，在垂直车轮以及反滚轮旁均设有安全钩，小车向两个方向发生倾翻时都可钩住轨道。

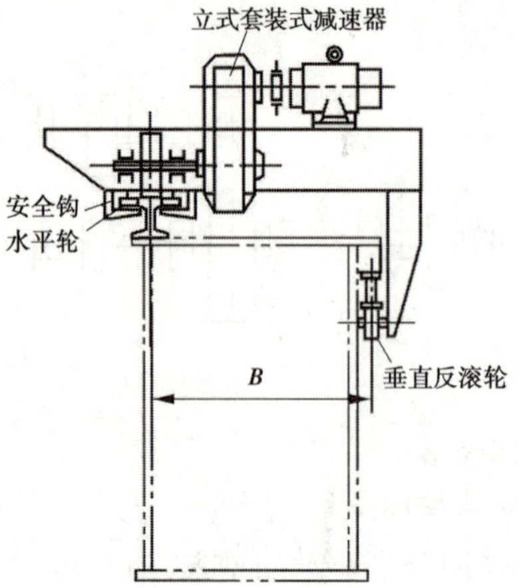

(a) 二支点单主梁小车运行机构

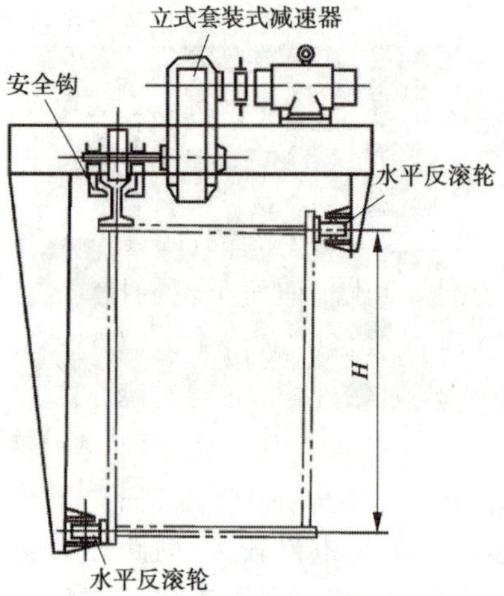

(b) 三支点单主梁小车运行机构

图 3-1-7　二支点和三支点起重机

1.2.3　悬挂式起重机单、双梁运行机构

悬挂式起重机如图 3-1-8 的大车运行轨道是在工字钢的下翼缘，工字钢固定在楼板的钢筋混凝土梁上，具有结构简单、噪音低、自重轻、成本低等特点，悬挂型起重机常见型式有单、双梁悬挂起重机和多支点单、双梁悬挂起重机等，它们采用的是悬挂型运行机构，电动单、双梁悬挂式过轨起重机作为火电厂磨煤机检修的专用设备，得到了广泛应用，该型起重机的大、小车均为悬挂式。

图 3-1-8　悬挂式起重机

悬挂式起重机大车主要由主动轮、齿轮、花键套、滚动轴承、左侧墙板、“三合一”驱动电机及联杆和横头槽钢组成，运行机构(包括带运行小车的电动葫芦)主要结构形式是通过两根销轴将带有运行车轮的左墙板(从动部分)、右墙板(主动部分)穿到一起，然后将其悬挂在运行轨道下翼缘的上表面，驱动装置通过安装在输出轴上的齿轮与主动车轮上的齿啮合，带动起重机沿着运行轨道下翼缘上表面运行悬挂式起重机运行机构如图 3-1-9 所示。

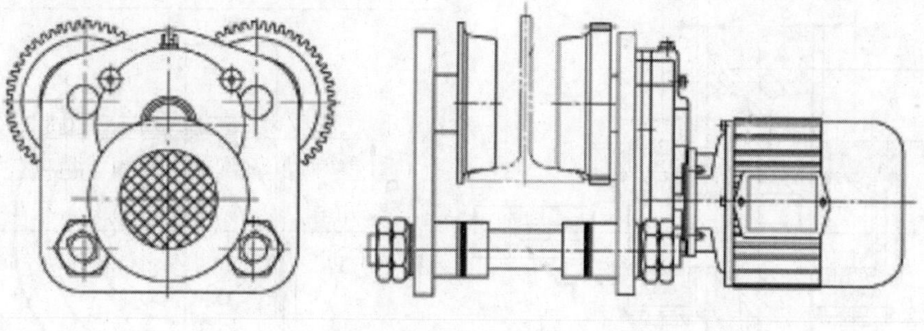

图 3-1-9　悬挂式起重机运行机构结构形式示意图

第二节　车轮组/箱

起重机车轮作为承载部件,在使用过程中常因为轨道安装质量和车轮制造偏差,会出现啃轨、磨损等问题,加速车轮的报废和更换,考虑到制造、安装和维修的方便以及系列化的要求,已经有很多厂家将车轮、轴、轴承等设计成车轮组件,也出现了可直接整体替换的轮箱结构,模块化程度加大,车轮组可分为主动车轮组和被动车轮组,两者的不同在于:主动车轮组需要考虑与驱动装置配合,主动车轮组需要传递由电机传来的扭矩,其一般由闷盖、轴承座、轴套、主动车轮、主动车轮轴、通盖、油杯、平键、油毡、球面滚子轴承、螺栓副、圆螺母、止推垫圈等组成;被动车轮组除了车轮轴不同,一般也没有键槽和通盖(见图 3-2-1)。

图 3-2-1　被动车轮组和主动车轮组

2.1　车轮组分类

不同车轮组的结构形式主要在于车轮组轴承箱结构的不同以及与车轮梁定位安装的不同,车轮组按照采用轴承箱的结构型式可以分为以下几种。

2.1.1　角型轴承箱车轮组

带有角型轴承箱的车轮组目前应用广泛,其常见的结构型式如图 3-2-2 所示,车轮组的轴承箱与端梁或者台车架通过夹角为 90°的两个平面进行联接。

车轮组通过两侧的一对角型轴承箱装配在车架上,由于两侧的轴承箱不能保证完全对齐,其轴线会有一定的偏角,会采用调心滚子轴承进行调节。每个角型轴承箱有两个成直角的配合面,在装配过程中,为了保证车轮组水平、垂直方向偏斜度以及各轮高度差在允许的误差范围内,需要在角型轴承箱配合面上添加垫片,手工调整,以满足精度要求。该结构是在主体结构制造完成后安装,水平、垂直方向调整合适后用螺栓固定。水平、垂直垫板用以调整车轮的垂直度,隔套长度的变化用以调整前后车轮间的直线度。

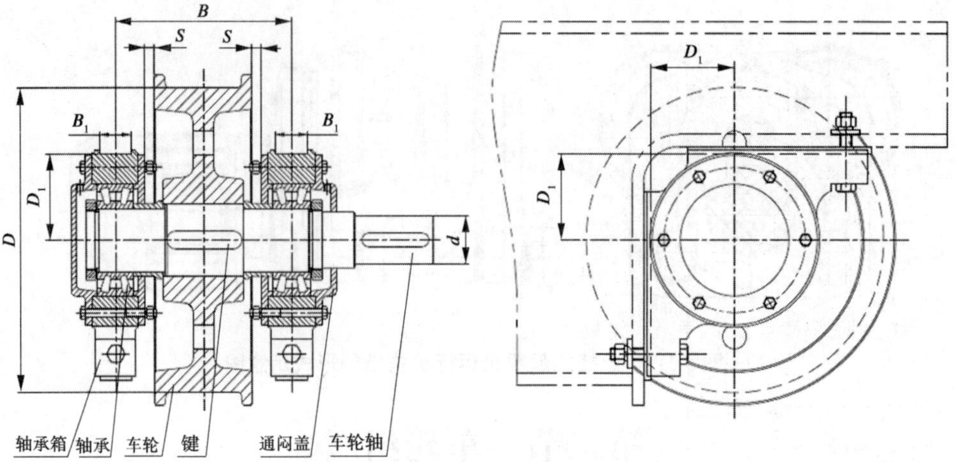

图 3-2-2　角型轴承箱车轮组

优势：该结构车轮组零件制造加工工艺简单，成本低，车轮依靠焊在车架上的定位键板定位，结构简单，对制作和安装的精度要求不高，单件或小批量生产的起重机可采用这种形式，也适用于未采用台车的桥式起重机端梁或门式起重机的下横梁，一般适用于轮距比较大的场合。

劣势：受到安装条件和受力要求的限制，轴承箱的直角边做得很厚，重量较大，组成车轮组的零件繁多，因其在更换车轮的时候需要割开定位键板后重新调整焊接，尤其是用户更换车轮组时，需要大量的现场焊接工作，大大降低了维修的效率，增加了更换车轮组所需的时间，且安装精度只能依靠现场安装工人把握，精度低，在繁重工作条件下易出现啃轨情况，加速磨损。

2.1.2　剖分轴承箱车轮组

车轮组的轴承箱与端梁或台车采用圆柱形面进行联接，车轮组采用 45°剖分半环固定，结构如图 3-2-3 所示。

考虑到安装和拆卸方便，车轮组也会采用 45°剖分轴承箱结构，这种结构加工的时候，一般先将上座环和下座环的连接螺栓孔配钻连接后整体焊接到主结构上，将主体结构调整至水平，对上、下座环整体镗孔，最后将装配好的轴承箱体，上、下座环用连接螺栓安装固定即可。

这种结构，对加工的设备和工艺要求高，啃轨调整比较复杂，可以在轴承上根据跑偏的情况加铜皮来调整，但比较烦琐，需要有丰富的经验。这种结构只适用于小车端梁或大车运行的台车，当涉及大型结构体或车轮距比较大的场合，没有一定的镗孔能力和专用加工设备就无法满足较高的加工精度。

优势：加工装配精度高，而且可以整体地把车轮组部件拆下来，整体性好，在装配和拆卸方面相对角型轴承箱会容易些。

劣势：车轮组零件繁多，结构复杂，安装车轮组的车架需要镗孔，加工工艺相对复杂，加工成本高，在维修更换车轮时，需要将端梁或台车顶得很高，才可整体更换车轮组件，虽然方便但有一定的危险性，通常适用于小车端梁或大车运行的台车，不适用于大型结构件

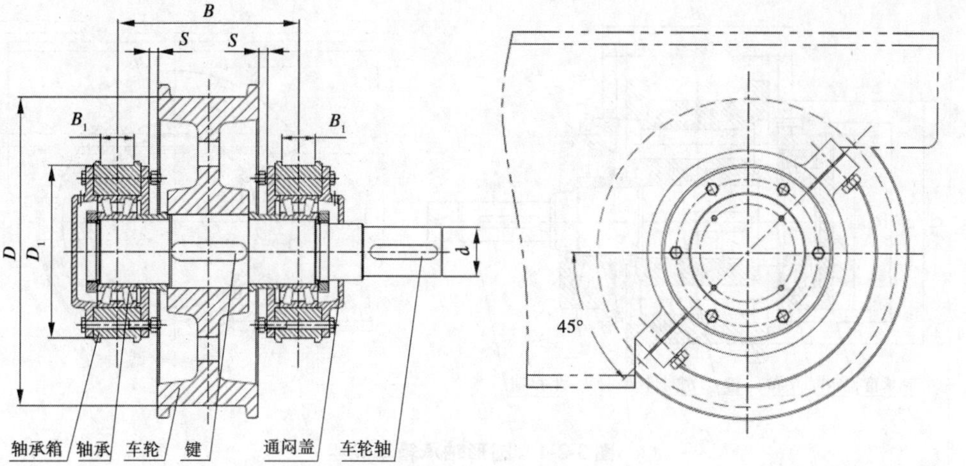

图 3-2-3　剖分轴承箱车轮组

或轮距较大的场合。

偏心式轴承箱结构主要是在 45°剖分轴承箱结构的基础上，将后来内孔和外圆同心后的轴承箱体换成内孔和外圆具体一定偏心量的轴承箱体，车轮出现偏斜啃轨时，利用自动调心轴承的允许倾角，通过旋转固定偏心的轴承箱体，使车轮产生水平方向的倾角，进而使车轮产生水平的偏动，以达到调整车轮水平倾斜的目的。

这种结构，调整后车轮轴发生倾斜，使轴承在工作时承受附加的轴向力作用，如果调整量过大或设计轮压过大，容易造成自动调心轴承的早期损坏，要求车轮的倾斜角不能大于调整轴承的最大允许倾角，一般不得大于 1°，调整安装时最好设有偏心标记，而且要求上下座环的固定螺栓要有足够的连接力，使其对偏心轴承箱体的外圆产生足够大的摩擦力矩，防止车轮在工作时偏心箱体产生转动。必要时可以在上、下座环和调整好位置的偏心轴承箱体的接缝处钻孔、攻丝，安装防转螺钉，以达到固定偏心箱体的目的。使用偏心的轴承箱体可以实现车轮水平方向的调整，是普通 45°剖分轴承箱结构不具备的。

2.1.3　圆形轴承箱车轮组

车轮组的轴承箱与端梁或台车架的联接面为圆柱形面，车轮组采用轴承箱端面的法兰孔固定，结构如图 3-2-4 所示。

该结构也称为月牙槽法兰连接车轮组结构，其轴承座在端梁的联接处设计成月牙形，即端梁上的半圆环内面，车轮梁安装处的前下方是敞开式的，车轮组通过两个法兰式轴承座分别与端梁的两个腹板内面和月牙槽配合连接，轴承座也可以设计成偏心结构，车轮组的两个轴承箱可以 360°转动，并且车轮组的轴承采用调心滚子轴承，可以使车轮组具有微调车轮踏面垂直高度和轴向偏角的功能。和圆形轴承箱车轮组相配的起重机大车端梁或者小车端梁上安装车轮的位置为镗孔结构，并且腹板两侧也需要经过加工，车轮组的尺寸与端梁腹板两侧的加工面和腹板上的车轮安装孔配合，并且在轴承箱上钻孔，在端梁设计位置处加工出螺纹，这样更换车轮组时，因为所有尺寸已经靠各加工面定位，仅需要安装人员将车轮组移动到安装位置后将螺栓拧紧即可。

优势：此种形式同角型轴承箱和剖分轴承箱车轮组相比，结构相对简单，零件数量减

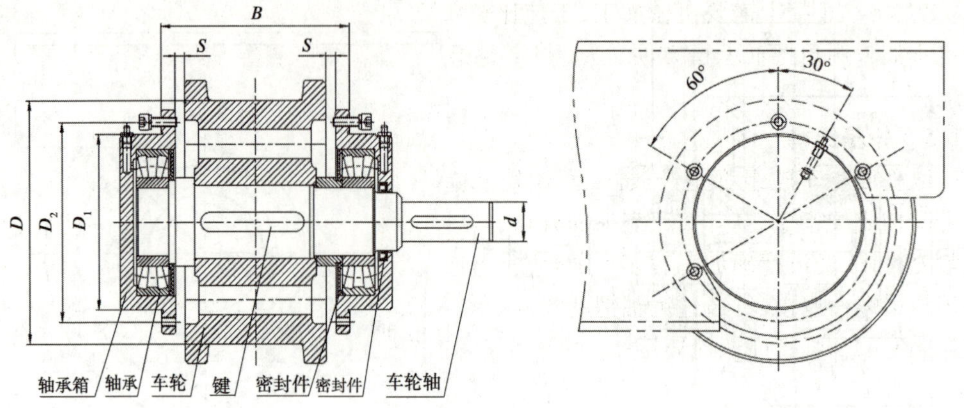

图 3-2-4　圆形轴承箱车轮组

少，质量轻，拆卸方便，可以通过月牙槽加工精度保证安装精度，对于有较高安装精度要求的起重机，且厂商具备加工条件时可以采用此种形式。

劣势：安装车轮的小车架或端梁同 45°剖分车轮组一样，需要整体加工，工艺相对复杂，增加了车架的加工成本。

2.1.4　镗孔式安装轴承箱结构

为了提高车轮的安装精度，减少车轮组的重量，可以采用直接在车架上镗孔组装车轮的方式，如图 3-2-5 所示。传动轴与车轮采用无键锥面连接，采用镗孔组装一般主结构体腹板外侧焊有垫板，采用铣床对垫板平面进行加工，以保证轴承箱体安装后车轮的直线度，改变间隔套长度也可以实现对前后车轮间直线度的调整，但不易操作。这种结构适用于轮距不是很大的台车或小车端梁，为了便于镗孔和加工，轴承箱体接触面对结构体长度等的外形尺寸有严格要求。

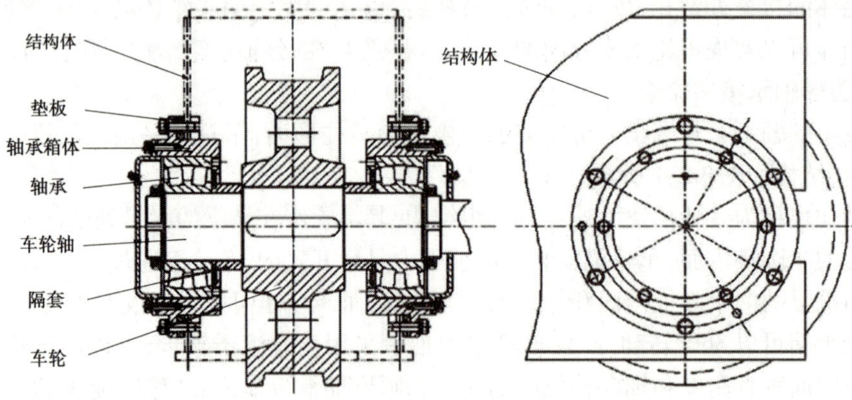

图 3-2-5　镗孔式安装轴承箱

优势：对加工精度和工艺设备要求较高，但只要达到加工精度要求，就可以实现车轮组件间的整体互换，这种结构便于批量生产和日常维护，不容易出现车轮啃轨现象，这种结构适用于轮距不是很大的台车或小车端梁。

劣势：在车架上需要机械加工，工艺比较麻烦，装配后车轮发生偏斜等问题后调整车轮也不如采用角型轴承箱方便，需要将车轮组完全拆下，调整腹板两侧垫板厚度后重新装配。

2.1.5　轮箱结构

以上四种车轮组都是开放式，而轮箱结构（图 3-2-6）是把整个车轮组封装在一个由五个面构成的箱形壳体内，只有下面开口，其中两个侧面加工出轴承安装孔。轮箱壳体采用紧凑设计，经过精确加工有多个配合面，可以与车轮梁进行多种灵活装配，可采用顶面与车轮梁螺栓连接，可通过销轴把两个侧面嵌入车轮梁的两个腹板之间，也可采用单个侧面与梁的一个竖直面螺栓连接。

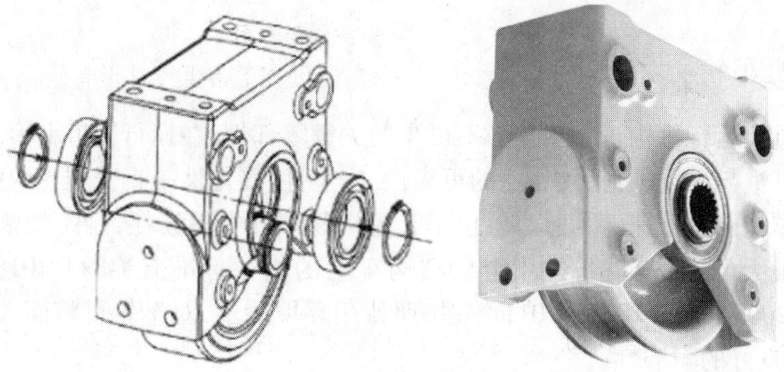

图 3-2-6　轮箱结构

较小吨位的轮箱体可以采用高质量压铸铝材料，大吨位的轮箱体可以改为具有高抗拉强度球墨铸铁材质。该轮箱驱动轮和从动轮之间的差别在于驱动轮具有不同直径尺寸的内花键啮合轮毂，轴承采用经过润滑处理的深沟球轴承或滚针轴承。

优势：可以进行灵活的装配，并有利于实现车轮设计的模块化，不受轮距限制，组合更加灵活，用途更加广泛，适合在大批量生产、模块化组装、广泛应用的情况下。

劣势：轮箱壳体设计加工复杂，单件定制或小批量生产成本价格太高。

为了实现起重机系列的模块化，可以将电动机、制动器、减速器和车轮组成的驱动装置与端梁共同组成系列化模块，用于单梁或双梁桥式起重机的运行机构，也可将不同规格的驱动装置与标准轮箱组成系列化模块，这种轮箱根据需要可以组装成台车，与金属结构件组合后可以用作桥式起重机、门式起重机及其他轨行式起重机的运行机构。

起重机车轮组形式多样，性能和优劣势各有不同，随着起重机制造企业机械化程度增强，模块化的车轮组越来越得到更加广泛的应用，这也是起重机制造企业提高性能、降低成本、提高生产率的重要途径，但具体选用何种类型的车轮组，还需要综合考虑起重机结构、运行性能要求、成本、检修维护等多方面因素，将各车轮组结构的性能特点汇总如表 3-2-1 所示。

表 3-2-1　各车轮组结构的特点

类别	成本	装配精度	维修装卸性	模块化程度	应用情形
角型轴承箱	低	低	不易	低	成本低,安装精度低
剖分轴承箱	中等	中等	较易	低	精度要求较高,拆卸方便
圆形轴承箱	较低	较高	容易	较高	高精度,易维修,模块化程度较高
镗孔式轴承箱	中等	高	不易	较高	高精度,高模块化,低轮距
轮箱	量小成本高 量大成本低	较高	容易	高	高精度,大批量模块化

2.2　起重机车轮

作为起重机运行机构正常工作必不可少的关键零部件,在运行轨道上滚动运行,并承受着起重机自重与吊重载荷,其作业的可靠性、安全性、稳定性一直受到业内的重视,起重机车轮的工作特点是低速、重载,车轮也是起重机零部件中易损耗部件,频繁更换会给企业用户带来很大的经济负担,常用金属结构车轮的相关标准有 GB/T 10183.1—2010、JB/T 6392—2008、TB/T 1013—2011 等,按照使用环境要求,对车轮材料而言需要有高强度、高硬度和良好的耐磨性。

起重机车轮根据踏面形状可以分为圆柱形、圆锥形、圆锥鼓形三种。目前桥架型起重机多采用带双轮缘的圆柱形车轮,小轨距运行机构(如欧式葫芦、桥式起重机小车等)也可用单轮缘的,用无轮缘时常添加水平轮来配合导向;圆锥形车轮多用作桥式起重机集中驱动的大车的主动轮,其锥度一般为 1∶10,大直径的一端放在跨度内侧,自动走直效果好,运行平稳;圆锥鼓形车轮(有时还有锥形轮),踏面为圆弧形,广泛用于沿工字钢下缘运行的悬挂式起重机和架空单轨运输系统小车的运行机构中,用以消除附加阻力和摩擦。

根据轮缘的型式可以分为双轮缘车轮(代号 SL)、单轮缘车轮(代号 DL)和无轮缘车轮(代号 WL)三种,如图 3-2-7 所示,车轮的主要尺寸可以参照表 3-2-2 进行选取。

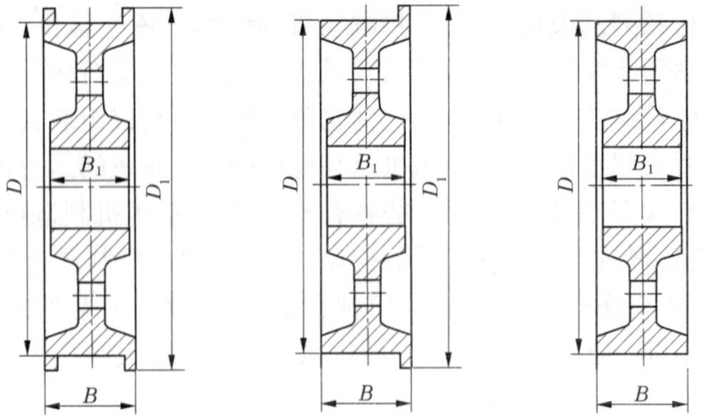

图 3-2-7　车轮的三种型式

表 3-2-2　车轮主要尺寸参数

基本尺寸			
D	D_1	*B*	B_1
100	130	80～100	95～100
125	140	80～100	95～100
160	190	90～100	95～100
200	230	95～100	95～100
250	280	95～140	95～140
315	350	95～210	95～210
400	440	105～210	105～210
500	540	105～210	105～210
630	680	120～210	120～210
710	760	140～210	140～210
800	850	140～210	140～210
900	950	145～220	145～220
1 000	1 060	145～220	145～220
(1 250)	1 310	145～220	145～220

注：本表中的基本参数（除括号内）宜优先使用。

常用起重机车轮的制备工艺有铸造、锻造和轧制三种类型，早期的起重机车轮基本采用铸造车轮，如今球墨铸铁车轮以及锻造和轧制工艺的车轮得到了广泛应用。车轮材料一般用 45 号钢和 ZG55II，工作繁重轮压较大者宜用 65Mn、ZG55SiMn、ZG50MnMo 或 ZG35CrMnSi 等，起重机车轮铸造一般采用 ZG310－570 以上的铸钢，中小尺寸的锻造车轮一般选用不低于 45 号优质钢，大尺寸车轮常采用 60 号优质碳素结构钢也称为 CL60 车轮专用钢进行轧制，轮压小于 50 kN，运行速度小于 30 m/min 的车轮，也可以采用铸铁制造。

2.2.1　铸造车轮生产工艺

传统的铸钢车轮的材质和热处理质量很不稳定，不但车轮形状较难浇铸，且铸件容易出现气孔、夹渣等缺陷，报废率很高。热处理时由于材质的不匀或铸造应力的存在，淬裂倾向很大，甚至发生设备安全事故，尤其在加工完毕时才发现不允许修补的缺陷（如气孔、裂纹、夹渣等缺陷在车轮踏面及内孔轴承挡等主要部位），只能作报废处理。这样将使制造周期受到难以预计的干扰，成本相应增加。此外，铸钢车轮的铸件毛坯表面清理的工作量大，机加工余量大，因而材料利用率低，生产周期也较长。

与传统的铸钢工艺不同，新型铸钢车轮采用石墨型铸造，由于石墨型传热速度相对较快，因此可使铸件获得较高的致密度，增加强度和硬度，而且石墨型可以反复使用，减少了砂处理量；而传统的铸钢工艺则是采用水玻璃砂型铸造，不但要增加砂处理设备、厂房面积及基建投资,而且产生较多的废砂,污染环境。

综合强度高的球墨铸铁车轮在市场中尤其是国外应用广泛,对车轮的要求主要有两点:一是接触强度要好,二是耐磨。以往车轮是靠采用优质钢来提高强度,通过淬火提高硬度,以达到耐磨的目的。而球墨铸铁本身内部组织达到球化形式,强度高,相当于45号钢。又因为铸铁含碳量高,加之石墨有润滑作用自然耐磨,这就是当前国内外为什么对葫芦式起重机采用球墨铸铁车轮的原因所在。其车轮踏面结构多采用轮缘与踏面之间的过渡是开了环形沟槽,而不是过渡圆弧。车轮当歪斜运行时,不易被轨道抬起,对减小阻力、消除啃轨和提高车轮寿命均有利而无害。

铸钢车轮的生产由造型线、缓冷线、机加工线及钢水熔炼等几大部分组成,工艺设计重点应放在几大部分设备之间的协调上。

钢的浇铸技术,就是把在炼钢炉中熔炼所得到的合格钢水,经过承钢桶及中间罐等浇铸设备,注入到一定形状和尺寸的钢锭模或结晶器中,使之凝固成为钢锭或钢坯。常见的圆锭模铸法就是指将转炉、电炉冶炼出的钢水注入钢水包,经钢水二次精炼出合格钢水后吊运到钢锭模上方,钢水由钢水包底部水口注入中注管,钢液再由中注管、汤道,自钢锭模的下部进入钢锭模内,使车轮钢水凝固成钢锭,钢锭经脱模、钢锭表面清理后成合格的车轮用钢锭的工程。

根据车轮的机械性能要求,车轮踏面由于与钢轨长时间的摩擦,因此需要较硬的表面,而设备运行当中产生的振动,对车轮产生了冲击,所以对车轮要求具有一定的冲击韧性。根据这一要求,应对车轮的踏面采取局部淬火工艺。车轮淬火的目的是提高车轮的强度和硬度,增加其耐磨性,同时获得良好的综合机械性能和残余应力分布。淬火就是把钢件加热到奥氏体化温度(AC3 或 AC1)以上(亚共析钢 AC3 + 30 ~ 50 ℃,共析钢 AC1 + 30 ~ 50 ℃,过共析钢采用 AC1 ~ ACm 之间),在这温度保温一段时间,使工件各部位温度均匀,组织全部转变为奥氏体,然后迅速在冷却介质中冷却,淬火温度范围随着成分变化,其温度范围有所不同,如图 3-2-8 所示。

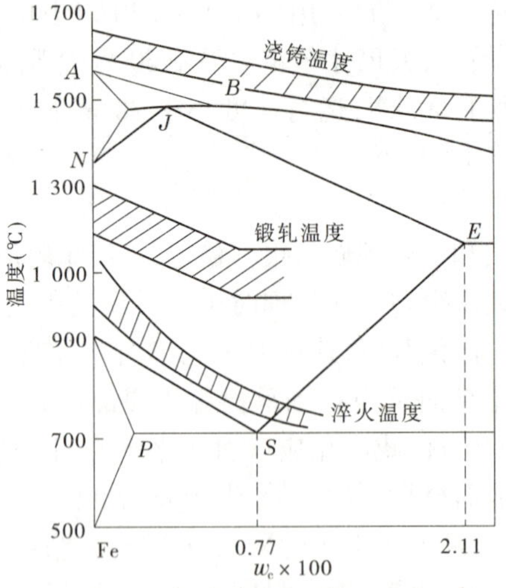

图 3-2-8　淬火处理温度范围

淬火后的车轮需进行高温回火处理,铸件在回火炉内加热,出炉后在空气中冷却,回火温度为460~500℃,时间约为3.5h。回火的目的就是改善车轮的综合机械性能,满足标准要求,降低或消除车轮淬火后的参与应力,保留车轮表层轮辋的压应力。

检测工序将对车轮进行严格的检查,以确保车轮的质量,会对车轮外观进行检查,确保其外观无目测可见裂纹,缺陷(沙眼、气孔、夹渣等)数量和程度符合要求,并对车轮尺寸、静平衡进行测量,保证车轮踏面直径、轴孔直径等关键尺寸以及静平衡满足要求,利用硬度计对车轮踏面和轮缘内侧等部位进行硬度检查,也会采用磁粉探伤、超声波探伤以及X射线检查,未能通过检测的车轮会进行报废或修复,通过一系列检测的车轮进入最后一道工序,涂漆后保存。铸造车轮一般的生产工艺流程如图3-2-9所示。

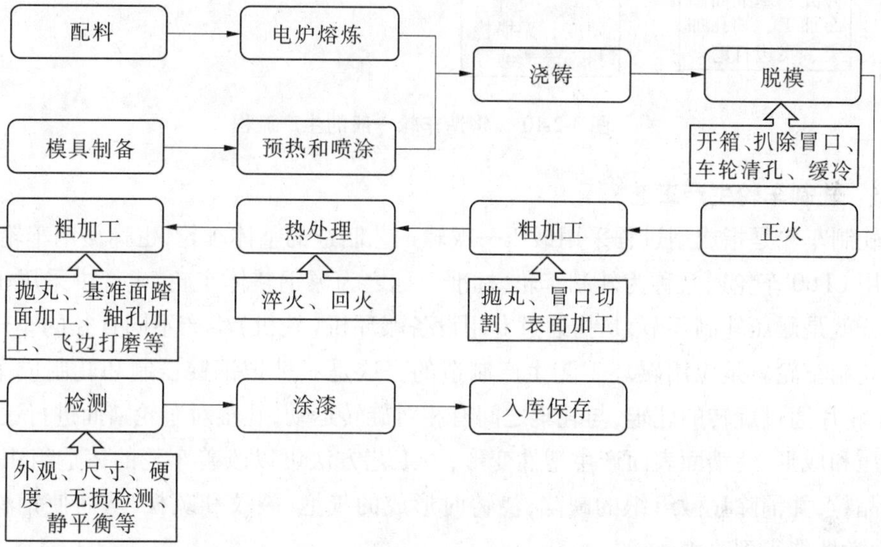

图3-2-9 铸造车轮一般的生产工艺流程

2.2.2 锻造车轮生产工艺

起重机上采用65Mn车轮通常称为锻造车轮,锻造是一种主要的金属塑性加工方法,是在坯料加热后,利用锻压设备,对金属材料施加压力,使其产生塑性变形以获得具有一定的力学性能、形状和尺寸的锻件。通过锻造能消除金属在冶炼过程中产生的铸态疏松等缺陷,优化微组织结构,焊合孔洞。锻造车轮具有金相组织稳定、综合机械性能好、热处理工艺性能稳定、机加工余量小、车轮毛坯重量轻、材料省、制造周期短、使用寿命长等特点。我们通常所说的锻造包括模锻和自由锻,通常用于形状简单,生产批量不大的锻件。起重机车轮由于车轮直径、宽度、轴径的不同而规格较多,制造厂家在某个单一时间内对单一规格的车轮用量都不大,通常采用锻造车轮。

对于锻造车轮的制备,先用锯切机下料一定直径和长度的坯料,并使切面平整。将毛坯在室式加热炉内加热至始锻温度,在自由锻锤上进行自由锻,镦粗成圆饼状后,用模锻成形,并进行正火处理。按图纸将处理后的车轮粗车成形,然后采用专用夹具对踏面及轮缘进行表面淬火,最后按图纸精车到位。同铸造车轮类似,经过检测涂漆后入库保存。锻造车轮一般的生产工艺流程如图 3-2-10 所示。

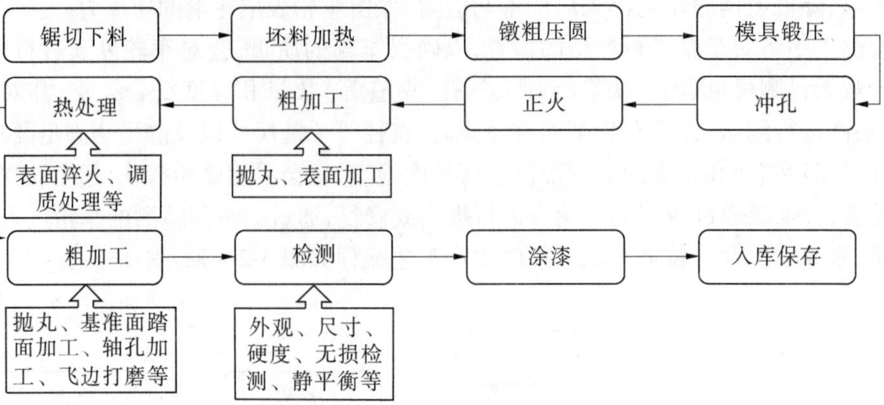

图 3-2-10 锻造车轮一般的生产流程

2.2.3 轧制车轮生产工艺

轧制车轮是指成型过程采用锻压—辗轧工艺制造的整体车轮,也称辗钢车轮,起重机上采用 CL60 车轮通常称为轧制车轮,标准上称之为碾钢整体车轮,生产中采用工艺的关键部分就是碾压轧制环节,是指通过专用设备碾环机(轧机)生产不同直径的车轮。起重机的轧制车轮就是应用碾环工艺生产制造的。这是一种把钢锭压制和轧制成车轮的工艺,车轮片通过旋转的轧辊,与轧辊之间有相对旋转运动,轧辊对车轮踏面进行逐点、渐近的加压和成形,使踏面表面产生塑性变形,该工艺方法可以改善车轮的铸造组织,细化钢材的晶粒,并消除显微组织的缺陷,浇铸时形成的气泡、裂纹和疏松,从而使钢材组织密实,力学性能得到改善。

轧制车轮的生产工艺与锻造车轮生产非常类似,首先是进行钢坯下料锯切(图 3-2-11),进炉加热(图 3-2-12),热成形工艺包括镦粗压圆、预成型、冲孔和轧制,为加快效率、节省设备投入成本,这三道工序通常设计在一台锻压设备上完成(见图 3-2-13),经过热成形工序,车轮的基本形状完成,其中轮毂和轮毂孔部位成型结束,辐板和轮辋部分金属分配完成,形成基本形状;轧制的作用是将车轮轴孔扩径以及辐板辗轧扩径,将轮辋轧制到指定高度,并完成车轮踏面和轮缘的成型。目前,用于轧制的车轮轧机主要有两种:一种为卧式轧机,另一种是立式轧机(图 3-2-14)。完成热变形的轮坯,温度为 850 ~ 950 ℃,一般采用缓冷和等温工艺控制冷却速度,将温度冷却至室温。车轮热处理的主流工艺是轮辋淬火 + 回火。还有一些生产厂家采用过轮辋浸入式淬火 + 回火工艺,以及正火等工艺,淬火方式上也有连续淬火、间歇淬火、立式淬火和卧式淬火等。机加工以及后续的检验工序与铸造和锻造车轮工序类似,不再赘述。轧制车轮一般的生产工艺流程如图 3-2-15 所示。

图 3-2-11　锯切下料

图 3-2-12　坯料电炉加热

图 3-2-13　锻压设备

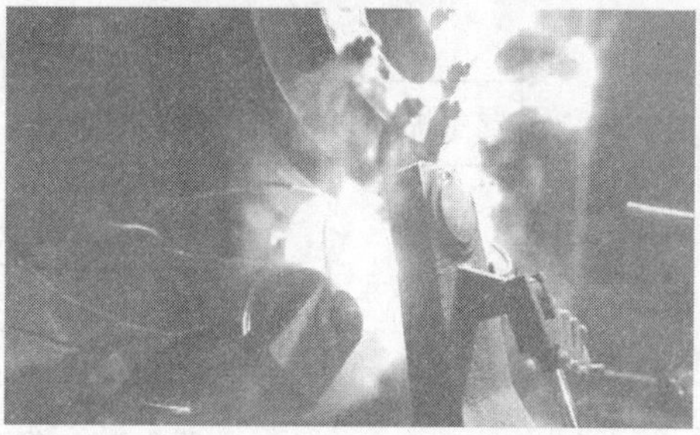

图 3-2-14　立式轧机

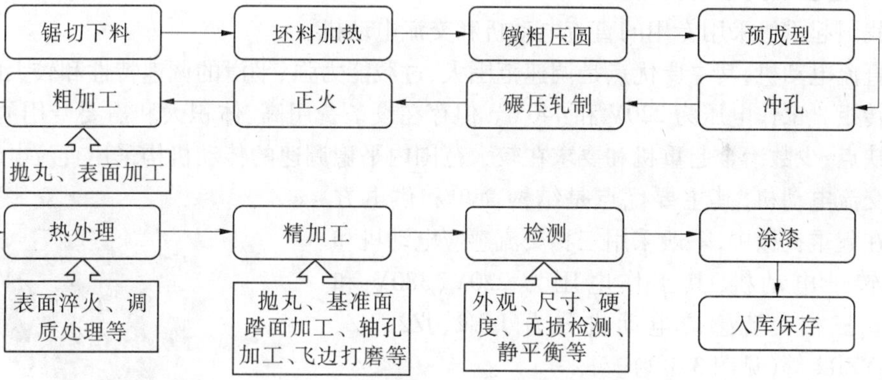

图 3-2-15　轧制车轮一般的生产工艺流程

第三节　运行驱动装置

驱动装置是起重机用来驱动各种工作机构的动力设备，它是构成起重机的重要组成部分，一定程度上决定了起重机的工作性能和构造特点，常采用的型式有电力驱动、内燃机驱动、液压驱动以及人力驱动等，其中电力驱动由于其最易取得，经济方便无污染，获得了最广泛的应用。驱动装置中由电动机提供动力源，减速器负责电动机和执行机构之间的转速匹配和转矩传递，制动器负责制动与保持。传统的驱动方式中电动机、减速器、制动器分别设置，所占体积大，安装烦琐笨重，现已出现了“三合一”驱动装置，其机构紧凑，重量轻，组装性好，布置形式灵活，已在中小吨位起重机中获得广泛应用。

3.1　电动机

3.1.1　起重机用电动机特点

要了解起重机用电动机的特点，首先要明白起重机械的工作特点：反复短时运行，频繁起动、制动和反转，经常过载，有较强的机械振动和冲击，工作环境多灰尘，且还有金属粉尘等（见图 3-3-1）。为满足起重机的工作要求，起重机用电动机与一般工业用电动机相比有如下特点。

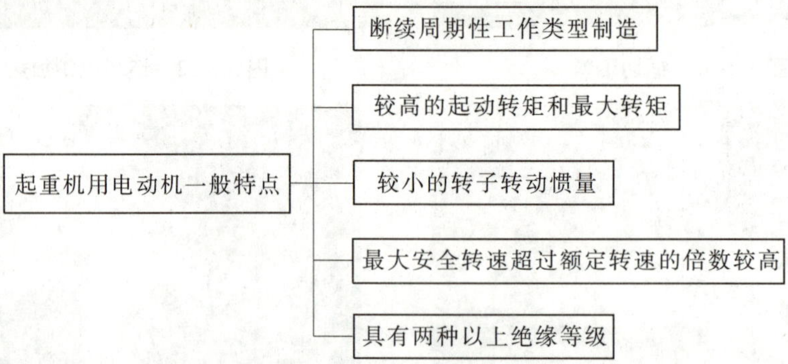

图 3-3-1　起重机用电动机一般特点

3.1.2　起重机用电动机类型

我国起重机采用专用的直流电动机和交流电动机。

直流电动机，其主要优点是调速范围大、过载能力强、平滑的调速特性和较大的起动、制动转矩。工作电压为 220V 和 440V。但存在设备费用高、体积大和需要专用的供电电源等缺点，少数冶金起重机和要求在较大范围内平稳调速的传动机构采用直流电动机。

交流电动机，其主要优点是结构简单和供电方便。在起重机械中，一般采用三相交流感应电动机和锥形转子电动机，其工作电压为 220V、380V 和 500V。三相交流感应电动机分为 JZR2、JZ2、YZ、YZR、YZR2 等（见图 3-3-2）。

图 3-3-2　YZR 系列起重电动机

在起重机上，葫芦式起重机的运行机构电动机一般采用锥形转子的鼠笼式感应电动机，其他起重机机构多采用绕线式感应电动机，有的用盘式制动电动机。

鼠笼式感应电动机（图 3-3-3）的优点是构造简单，操纵方便，有较高的转差率，适用于直接启动，价格也便宜。缺点是启动电流大（达额定电流的 4 ~ 6 倍）和不能承受较多的起动次数。一般用在功率不大和工作不十分频繁的工况，如用于电动滑车、电动葫芦、葫芦式起重机的运行机构、电动单梁等轻型起重机械中。

绕线式感应电动机（图 3-3-4）使用的最多，因为这种电动机的转子电路可以外接起动电阻，实现起动调速，起动平稳，起动电流通常不超过额定电流的 2 ~ 215 倍，且有较高的过载能力。一般起重机械,特别是其起升机构,常用这种电动机。

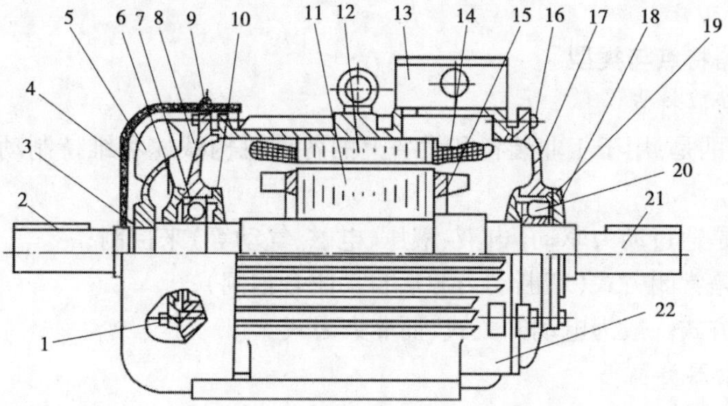

1—螺栓;2—平键;3—挡圈;4—外风罩;5—外风扇;6—轴承外盖;7—前轴承;8—前端盖;9—螺钉;10—轴承内盖;11—转子铁心;12—定子铁心;13—出线盒;14—定子绕组;15—端环及风扇;16—螺栓;17—后端盖;18—轴承内盖;19—后轴承;20—轴承外盖;21—转轴;22—机座

图 3-3-3　鼠笼式感应电动机的典型结构

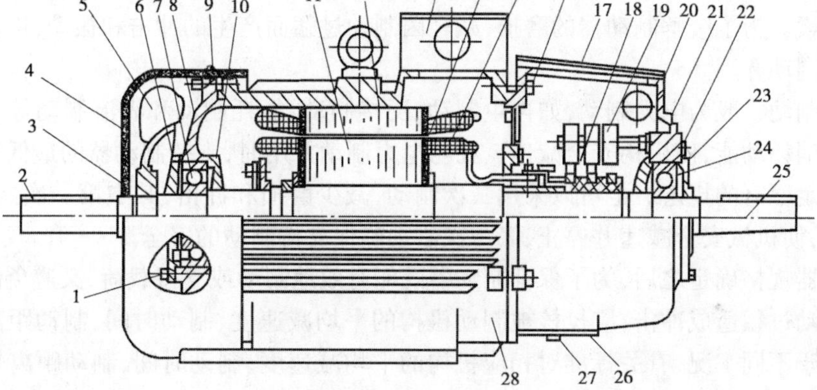

1—螺栓;2—平键;3—挡圈;4—外风罩;5—外风扇;6—轴承外盖;7—前轴承;8—前端盖;9—螺钉;10—轴承内盖;11—转子铁心;12—定子铁心;13—出线盒;14—定子绕组;15—转子绕组;16—螺栓;17—视察窗;18—集电环;19—电刷架;20—后端盖;21—轴承内盖;22—螺栓;23—轴承外盖;24—后轴承;25—转轴;26—排尘孔盖;27—螺栓;28—机座

图 3-3-4　绕线式感应电动机的典型结构

近年来,由于液力透平联轴器的采用,扩大了鼠笼式感应电动机的使用范围。因为把液力透平联轴器加在鼠笼式感应电动机和工作机构之间,减小了最大起动力矩和延长了起动时间,能防止起动过猛,使两者的联合特性可以完全满足起重机的严格要求。除以上基本系列电动机外,还有在此基础上的派生系列。例如:涡流制动电动机、起重用防爆双速电动机、起重用多速电磁制动电动机、强迫通风电动机等。

电动机的选择应依据:类型及结构型式,供电型式,功率,工作制,接电持续率,额定转矩、堵转转矩和最大转矩,额定转速,调速方式,防护等级,环境温度及湿度,海拔等。除辅助机构外,起重机应采用起重冶金用系列电动机、起重冶金用异步电动机、起重冶金用直流电动机、锥形转子制动异步电动机,也可采用符合起重机要求的其他类型电动机。

3.2　制动器

3.2.1　制动器特点与类型

3.2.1.1　制动器特点

制动器指的是:用于工业装备和设备上的各种机构减速和维持制动的制动装置。其主要特征是:

(1)一般是通过动力驱动(电液、液压、电磁、气动等)来控制;

(2)一般是常闭方式(切断动力源后自动闭合抱闸);

(3)操纵方式一般为电动开关式,而非人力式。

3.2.1.2　制动器类型

工业制动器的分类,按驱动装置分为电力液压制动器、电磁制动器、气动制动器、液压制动器等。按制动偶件形式分为鼓式制动器、盘式制动器、带式制动器等。按作用方式分为常开式制动器(不常用)、常闭式制动器。

起重机常用的标准系列制动装置有电力液压块式制动器、电磁块式制动器、盘式制动器、带式制动器等,其选用一般要考虑类型、规格,并进行校核、验算,同时要考虑使用环境等相关因素。为了缓解制动器的磨损,减轻因制动过猛而产生的冲击和振动,推荐支持制动和控制制动并用。

控制制动一般为电力制动,如再生制动、反接制动、能耗制动和涡流制动等。电力制动仅用于消耗动能,使机构安全减速。在与电力制动并用时,支持制动器的最低安全系数应单独满足原有的规定。也可以采用二次制动,减少磨损和冲击,其中第一次制动,用于消耗动能,使机械安全减速并停止,第二次制动确保支持制动的安全。

制动器规格确定之后,为了保证制动器既能有效地制动或支持载荷,又避免制动距离过长或制动过猛造成冲击,应校核被制动机构的平均减速度、制动时间、制动距离。不同设备应用于不同工况,有关标准对相应机构的平均减速度、制动时间、制动距离均作了明确的规定。

驱动惯性负载的机构如各种起重机、装卸机械的大车运行、小车运行机构,门座、船用甲板起重机等的回转机构,冶金压延辅机以及水平式输送机械的驱动机构等,其对制动的要求如下:

(1)平稳地减速制动;

(2)对一些有防风、防摆、准确停车要求的设备或机构(如岸桥和移动式抓斗卸船机大车运行机构、自行式小车运行机构等)还应有可靠的维持制动效果。

3.2.2　主要产品结构及工作原理

3.2.2.1　电力液压盘式制动器

电力液压盘式制动器(图 3-3-5)的工作原理:当机构断电、停止工作时,其驱动装置——推动器也同时断电(或延时断电)并停止驱动(推力消除),这时制动弹簧的弹簧力通过两侧制动臂传递到制动瓦上,使制动覆面产生规定的压力并建立规定的制动力矩,起到制动作用;当机构通电驱动时,制动器的推动器也同时通电驱动并迅速产生足够的推力推起推杆,迫使制动弹簧进一步压缩,制动臂向两侧外张,使制动瓦制动覆面脱离制动盘,消除制动覆面的压力和制动力矩，停止制动作用。

3.2.2.2　电力液压鼓式制动器

电力液压鼓式制动器（图3-3-5）的工作原理：当机构断电、停止工作时，制动器的驱动装置——推动器也同时断电（或延时断电），停止驱动（推力消除），这时制动弹簧的弹簧力通过两侧制动臂传递到制动瓦上，使制动覆面产生规定的压力，并建立规定的制动力矩，起到制动作用；当机构通电驱动时，制动器的推动器也同时通电驱动并迅速产生足够的推力推起推杆，迫使制动弹簧进一步压缩，制动臂向两侧外张，使制动瓦制动覆面脱离制动轮，消除制动覆面的压力和制动力矩，停止制动作用。

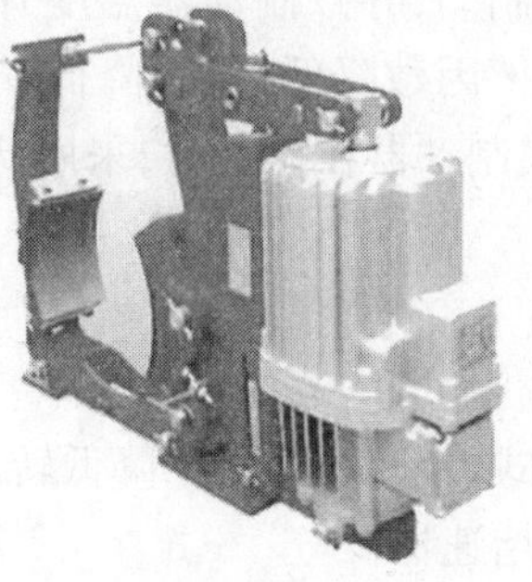

(a) 鼓式

(b) 盘式

图3-3-5　电力液压鼓式制动器和盘式制动器

电力液压鼓式和盘式制动器的特点是：动作时间较合理（释放时间0.25～0.6 s，闭合时间0.15～0.3 s），闭合时的动力冲击较小（冲击系数为1.1～1.25 s），驱动控制非常简单（由三相交流电机直接驱动，无中间控制环节），可靠性高，寿命长，维护工作较少，甚至基本免维护，运行和维护成本（使用成本）低。

电力液压制动器是一种较理想的高速轴制动装置，可用于起重机械、港口装卸机械、冶金机械等各种机构的高速轴制动；是目前被广泛使用的主流工业制动产品，目前已被世界上公认为起重机等各种机构的理想制动装置。

3.2.2.3　电磁盘式制动器

轻量化桥架型起重机采用电磁盘式制动器（图3-3-6）安装在电动机尾部，与电动机同轴连接，连接形式受到电机的相关约束，制动器参数应与电机匹配。起重机械的工作特点是反复短时工作制，制动频繁，制动器在吊运作业中起到夹持工件运行、紧急制动的作用，是起重机系列工作中重要的主动安全装置，在起重机械行业中广泛应用。

图3-3-6　电磁盘式制动器

在起重机轻量化的发展趋势下，减小起重机配套产品的体积和质量才能从根本上满足轻量化要求，相比传统鼓式制动器而言，电磁盘式制动器的体积与质量明显减小。

对于起重机来说，制动器起着至关重要的作用，但长时间使用后，制动器需要重新调整。由于部分维护人员在制动器的调整过程中操作不规范，造成安全隐患，故制动器在设计上要方便调整。对于电磁盘式制动器,安装只需要调整衔铁与定子之间的间隙到额定间隙,需要的调试工具也相对简单。如果长时间使用造成摩擦盘磨损,只需要将间隙再次调整即可。而传统鼓式制动器调节起来相对复杂,需要操作的步骤比较多,给维护人员带来不便。

在起重应用中,起重机的操作需要频繁点动,为了防止拖摩与溜车,要求制动器的响应必须要快。传统鼓式制动器的制动方式是当收到制动信号时,收紧制动鼓,通过摩擦使得电机制动,释放时与制动过程相反,工作过程相对缓慢。而电磁盘式制动器收到制动信号时,线圈断电,通过弹簧力瞬间挤压衔铁与摩擦片摩擦制动。当释放时,线圈通电,依靠电磁力克服弹簧力,将衔铁吸附,消除摩擦力。这个过程相对迅速,从而提升制动器响应时间。起重机工作过程中频繁的点动以及摩擦制动,导致制动器温度升高。当制动器温度逐渐升高时,摩擦材料会发生热衰退,导致摩擦因数降低,从而降低安全性。而减小制动器功耗,也是减小温升的一个重要因素。盘式制动器在设计时,采用低功耗的线圈设计方法,从根本上降低了制动器的功耗。

3.3　减速器

减速器是原动机和工作机之间的独立的闭式传动装置,用来降低转速和增大扭矩,以满足工作需要,在某些场合也用来增速,也称为增速器。

减速器的种类很多,按照传动类型可分为齿轮减速器、蜗杆减速器和行星减速器以及它们互相组合起来的减速器,按照传动的级数可分为单级和多级减速器,按照齿轮形状可分为展开式、分流式和同轴式减速器。

减速器主要由传动零件(齿轮或蜗杆)、轴、轴承、箱体及其附件所组成。图 3-3-7 为单级圆柱齿轮减速器的结构图,其基本结构有四大部分:齿轮、轴及轴承组合、箱体、减速器附件。

图 3-3-7　单级圆柱齿轮减速器的结构

小齿轮与轴制成一体,称齿轮轴。这种结构用于齿轮的直径与轴的直径相差不大的情况下。当直径差相差较大时,采用齿轮与轴分开为两个零件的结构,如低速轴与大齿轮。此时齿轮与轴的固定采用平键连接,轴上零件利用轴肩、轴套和轴承盖作轴向固定,两轴均采用了深沟球轴承。这种组合,用于承受径向载荷和不大的轴向载荷的情况。当轴向载荷较大时,应采用角接触球轴承、圆锥滚子轴承或深沟球轴承与推力轴承的组合结构。轴承是利用齿轮旋转时溅起的稀油进行润滑。箱座中油池的润滑油被旋转的齿轮溅起,飞溅到箱盖的内壁上,沿内壁流到分箱面坡口后,通过导油槽流入轴承。当浸油齿轮圆周速度 $v \leqslant 2$ m/s 时,应采用润滑脂润滑轴承,为避免可能溅起的稀油中掉润滑脂,可采用挡油环将其分开。为防止润滑油流失和外界灰尘进入箱内,在轴承端盖和外伸轴之间装有密封元件。

箱体是减速器的重要组成部件。它是传动零件的基座,应具有足够的强度和刚度。箱体通常用灰铸铁制造,灰铸铁具有很好的铸造性能和减振性能。对于重载或有冲击载荷的减速器也可以采用铸钢箱体。单件生产的减速器为了简化工艺、降低成本,可采用钢板焊接的箱体。为了便于轴系部件的安装和拆卸,箱体制成沿轴心线水平剖分式。上箱盖和下箱体用螺栓连接成一体。轴承座的连接螺栓应尽量靠近轴承座孔,而轴承座旁的凸台,应具有足够的承托面,以便放置连接螺栓,并保证旋紧螺栓时需要的扳手空间。为保证箱体具有足够的刚度,在轴承孔附近加支撑肋。为保证减速器安置在基础上的稳定性,并尽可能减少箱体底座平面的机械加工面积,箱体底座一般不采用完整的平面。

为了保证减速器的正常工作,除对齿轮、轴、轴承组合和箱体的结构设计给予足够的重视外,还应考虑到为减速器润滑油池注油、排油、检查油面高低度,加工及拆装检修时箱盖与箱体的精确定位,吊装等辅助零件和部件的合理选择与设计。

3.4　葫芦式起重机用“三合一”运行机构

把驱动装置、制动装置和传动装置三者合为一体的“三合一”驱动装置已经在中小吨位起重机的运行机构上推广使用。电动机与制动器制成一体,直接连在减速器上,减速器套装在车轮轴上,减速器上方有一弹性支承与车架相连。

目前起重机的大小车运行机构大多采用电动机、制动器、减速器、车轮等几个部件相组合的驱动型式,体积大,质量大,安装要求高,也易受小车架或门架变形的影响。欧式起重机运行机构均采用“三合一”的驱动方式(图3-3-8),即电动机、制动器和减速器合并组装成一个部件,可使运行机构非常紧凑,体积减小,质量减轻,并能与标准车轮组配套。由于“三合一”装置只通过一个固定铰支座与车架相连接,输出端采用花键与车轮轴相联,安装调试十分方便,受车架变形影响也小。减速器壳体以焊代铸,可有效减轻自重。减速器齿轮采用硬齿面,以减小体积,提高承载能力,增加其使用寿命。

“三合一”运行机构是当今世界起重机运行机构的发展潮流,具有结构紧凑、轻巧美观、拆装方便、调整简单、运行平稳、配套方便等一系列优点。国外已广泛应用到各种起重机运行机构上,特别是德国DEMAG公司和STAHL公司的“三合一”运行机构具有各自的优点,我国各起重机行业厂已有引进并在进一步进行开发与应用。

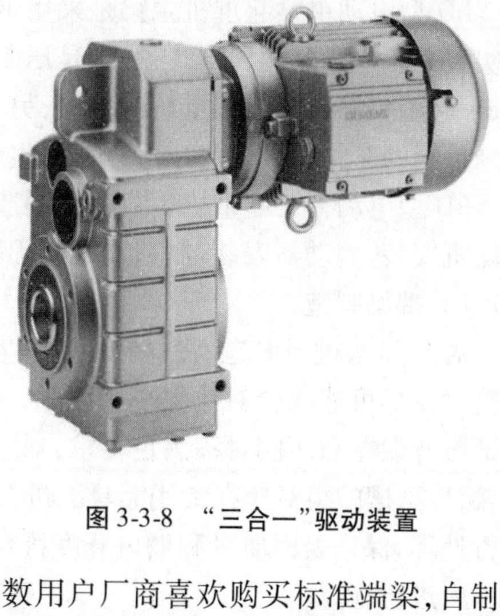

图3-3-8　“三合一”驱动装置

目前国内外也已将“三合一”运行机构与桥式类型起重机端梁巧妙地结合在一起,并形成了系列化的标准端梁,如图3-3-9所示。德国DEMAG公司年产两万多对“三合一”标准系列端梁,作为一种独立部件供应国内外市场。目前国际市场为了方便运输和节约运费,多数用户厂商喜欢购买标准端梁,自制主梁,组装整机,这是一种明显的趋势与潮流。国内如天津已研制出“三合一”运行机构及“三合一”标准端梁,以供应国内外市场的需要,典型型式可分为支承类型起重机用“三合一”标准端梁以及悬挂类型起重机用“三合一”标准端梁。

图 3-3-9　由“三合一”驱动装置组成的大车行走端梁

第四节　运行机构装配与质量要点

4.1　运行机构制造装配

桥架型起重机种类繁多，不同品种的起重机，其制造工艺都有所不同，甚至同一品种的起重机在不同厂家，其制造工艺也会千差万别，本节以应用较多的 LD 型电动单梁起重机为例，对起重机运行机构的端梁制作、运行机构装配过程以及其中关键的质量要点进行介绍。

LD 型电动单梁起重机是按照 GB/T 3811—2008、JB/T 1306—2008 及 TSGQ 0002—2008 的有关条款研制出来的产品，突出特点是电动葫芦运行轨道采用异型工字钢，使起重机主梁结构更趋合理，该品种起重机结构简单，重量轻，对厂房的负荷小，建筑高度小，耗电少。主梁与端梁采用螺栓连接、拆装、运输和储存方便，补充备件方便，轮压小，工艺性好，适合采用自动焊接和流水作业加工，安装快，维修方便。缺点是起重量不大。

LD 型电动单梁起重机主梁是采用钢板压延成型的 U 型槽钢与工字钢组焊而成的箱型实腹梁。端梁有两种形式：一种是压制成形，再焊接其余部件，组成箱形结构，适用于做中、小起重机吊钩桥式起重机的端梁；另一种是四块钢板拼成的箱形结构，通常配制带角形轴承箱的车轮组，但焊接工作量大，生产效率低于前种。

LD 型电动单梁起重机运行机构制造工艺主要分为端梁制造、车轮安装、减速器安装、电动机安装、制动器安装，制造装配流程图如图 3-4-1 所示。

4.1.1　端梁制造

对 U 型槽进行制造，将材料通过开卷矫平机进行开卷矫平，对钢板进行喷丸预处理，下料时以尽可能减少对接焊缝为原则，进行分段制作下料；下料完毕后进行 U 型槽压制，保证旁弯误差和两侧对称满足要求，对于超差部分可进行火焰校正，进行 U 型槽组焊和焊接，U 型槽的组对应在专用胎具上进行，按拼板要求连接缝板边对齐，点焊，对坡口两侧进行处理，保证表面质量和坡口开度符合要求，焊接须经培训合格的持证焊工在许可项目范围内进行施焊。

隔板下料时，隔板尺寸较小的，用整块钢板剪切；尺寸较大的，一般采用中空结构，剪板后进行组焊。下盖板下料时，在长度方向需考虑焊接收缩量，组焊时，将端梁开口向上，划出下盖板安装线，点焊下盖板。

端梁焊接，焊接参数按照焊接工艺卡，按照图纸要求组焊连接板和加强板，按照图纸

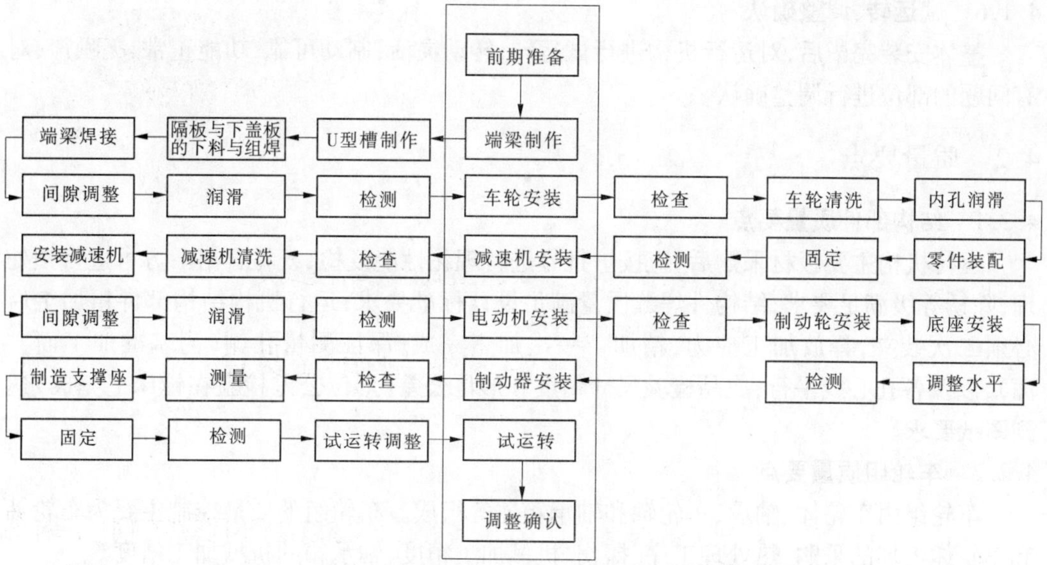

图 3-4-1　LD 型电动单梁起重机运行机构的制造装配流程图

尺寸剪切端梁盖板，校平；端梁盖板与端梁连接有角钢或扁钢在端梁端面和侧面用螺栓进行连接两种方式，在装配前，都应把安装缓冲器的安装孔按照图纸尺寸钻出。按照图纸尺寸要求在专用设备进行镗孔和铣加强板和连接板平面、钻减速器安装孔和车轮轴定位孔，注意在钻连接板的螺栓孔时，要与主梁连接板配钻，以方便端梁与主梁装配。

4.1.2　车轮装配

将车轮用煤油清洗，内孔涂润滑脂，依次装入外侧弹簧挡圈、防尘罩、外侧轴承、间隔套、里侧轴承、防尘罩、里侧弹簧挡圈；将检验合格后的已经加工完成的端梁倒置于工作台上，清理，去毛刺，将装配好的车轮组放入端梁内，从外侧将轴依次装入车轮、定位套，将轴装配到位；调整车轮位置，安装定位板，将定位螺栓紧固。

将检验合格后的已经加工完成的端梁倒置于工作台上，清理，去毛刺，将装配好的车轮组放入端梁内，从外侧将轴依次装入车轮、定位套，将轴装配到位；调整车轮位置，安装定位板，将定位螺栓紧固。

4.1.3　减速器装配

用煤油清洗减速器，安装减速器，注意减速器齿轮与主动轮齿圈的配合间隙，如果间隙过大或过小，可通过调整减速器位置做细微调整；调整后在齿圈上涂润滑脂。

4.1.4　电动机安装

检查电动机规格型号，在装配前对传动轴涂润滑脂，对制动轮进行安装，使电机输出轴与制动轮键槽匹配适合，根据减速器轴心高度计算底座尺寸对底座进行制造，对电动机水平进行调整，保证电动机轴和减速器输入轴同心，进行试运转，保证运行无卡阻，径向跳动符合要求。

4.1.5　制动器安装

检查制动器规格型号，测量制动器支撑座高度，制造支撑座，对制动器进行固定，保证制动器摩擦片与制动轮面完全接触，对制动器功能进行检测，观察是否开闭灵活，制动平稳。

4.1.6　试运转、调整确认

整体安装完毕后，对运行机构进行试运转，转动灵活，制动可靠，功能正常，无噪声，对有问题的部位进行调整确认。

4.2　质量要点

4.2.1　结构部件质量要点

运行机构主要板材采购后，应按炉批号进行理化性能复检，复检合格后方可进行预处理，除锈等级满足要求；结构件焊缝质量满足设计标准要求；运行机构结构部件粗加工后必须二次装夹，释放加工应力，精加工一次加工完成；保证测量孔侧（为基准加工面共面），以及各孔心线平行；成品检验尺寸精度和形位公差（形位公差检验在镗床上完成）达到图纸要求。

4.2.2　车轮组质量要点

车轮组由车轮体、轴承、车轮轴和轴承箱体等组成。车轮组的质量控制主要为车轮轴和车轮体毛坯的采购、热处理工序、探伤、机械加工精度，轴承箱的机械加工精度等。

车轮毛坯采购应满足企业相关质量文件要求，车轮组的最大承载能力应以车轮的最大许用轮压为准，并以此来校核其余零部件（车轮轴、轴承等）的承载能力。车轮的许用轮压计算按 GB/T 3811—2008 中 6.3.4.2 的要求，车轮组的承载能力参见表 3-4-1。车轮组的工作轮压根据运行速度、适用轨道、工作级别等条件计算（见表 3-4-1）。

表 3-4-1　承载能力　（单位：kN）

车轮组直径 D（mm）	适用轨道型号	最大许用静轮压	许用工作轮压							
			运行速度 20 m/min				运行速度 25 m/min			
			M3、M4	M5	M6	M7、M8	M3、M4	M5	M6	M7、M8
200	24 kg/m	96.9	62.8	56.1	50.5	44.9	60.9	54.4	49.0	43.5
250	38 kg/m 43 kg/m	163.9	109.4	97.7	87.9	78.2	106.3	94.9	85.4	75.9
	QU70	206.6	138.0	123.2	110.9	98.6	134.0	119.6	107.7	95.7
	QU80	228.0	152.3	136.0	122.4	108.8	147.8	132.0	118.8	105.6
315	38 kg/m 43 kg/m	206.5	141.9	126.7	114.0	101.4	137.9	123.1	110.8	98.5
	QU70	260.3	178.9	159.8	143.8	127.8	173.9	155.2	139.7	124.2
	QU80	287.3	197.5	176.3	158.7	141.0	191.9	171.3	154.2	137.0
400	38 kg/m 43 kg/m	262.2	185.3	165.5	148.9	132.4	180.2	160.9	144.8	128.7
	QU70	330.6	233.7	208.6	187.8	166.9	227.2	202.9	182.6	162.3
	QU80	364.8	257.8	230.2	207.2	184.2	250.7	223.9	201.5	179.1
	QU100	478.8	338.4	302.1	271.9	241.7	329.1	293.8	264.4	235.1

续表 3-4-1

车轮组直径 *D*（mm）	适用轨道型号	最大许用静轮压	许用工作轮压							
			运行速度 20 m/min				运行速度 25 m/min			
			M3、M4	M5	M6	M7、M8	M3、M4	M5	M6	M7、M8
500	QU100	598.5	430.8	384.6	345.2	307.7	423.0	377.7	339.9	302.1
	QU120	741.0	533.3	476.2	428.6	381.0	523.7	467.6	420.8	374.1
630	QU100	754.1	552.5	493.3	444.0	394.7	542.8	484.6	436.2	387.7
	QU120	933.7	684.1	610.8	549.7	488.6	672.0	600.0	540.0	480.0
710	QU120	1 052.2	771.0	688.4	619.5	550.7	764.2	682.3	614.1	545.8
800	QU120	1 185.6	876.4	782.5	704.2	626.0	868.7	775.6	698.1	620.5
200	24 kg/m	96.9	54.7	48.8	43.9	39.0	51.5	46.0	41.4	36.8
250	38 kg/m 43 kg/m	163.9	96.7	86.3	77.7	69.1	92.4	82.5	74.3	66.0
	QU70	206.6	121.9	108.9	98.0	87.1	116.6	104.1	93.7	83.3
	QU80	228.0	134.5	120.1	108.1	93.1	128.6	114.8	103.4	91.9
315	38 kg/m 43 kg/m	206.5	125.9	112.4	101.1	89.9	121.8	108.8	98.9	87.0
	QU70	260.3	158.7	141.7	127.5	113.3	153.6	137.2	123.4	109.7
	QU80	287.3	175.1	156.3	140.7	125.1	169.5	151.4	136.2	121.1
400	38 kg/m 43 kg/m	262.2	164.9	147.2	132.5	117.8	159.8	142.7	128.4	114.2
	QU70	330.6	207.9	185.7	167.1	148.5	201.5	179.9	151.9	143.9
	QU80	364.8	229.4	204.9	184.4	163.9	222.4	198.5	178.7	158.8
	QU100	478.8	301.1	268.9	242.0	215.1	291.8	260.6	234.5	208.5
500	QU100	598.5	388.1	346.5	311.9	277.2	376.4	336.1	302.5	268.9
	QU120	741.0	480.5	429.0	386.1	343.2	466.1	416.1	374.5	332.9
630	QU100	754.1	503.7	449.7	404.7	359.8	489.0	436.6	392.9	349.3
	QU120	933.7	623.6	556.8	501.1	445.4	605.4	540.5	486.5	432.4
710	QU120	1 052.2	709.6	633.5	570.2	506.8	695.9	621.4	559.2	497.1
800	QU120	1 185.6	814.9	727.6	654.8	582.1	791.8	707.0	636.3	565.6
200	24 kg/m	96.9	48.4	43.2	38.9	34.6	45.2	40.4	36.4	32.3
250	38 kg/m 43 kg/m	163.9	87.1	77.8	70.0	62.2	81.8	73.1	65.7	58.4
	QU70	206.6	109.8	98.1	88.3	78.5	103.2	92.1	82.9	73.7
	QU80	228.0	121.2	108.2	97.4	86.6	113.8	101.6	91.5	81.3

续表 3-4-1

车轮组直径 D (mm)	适用轨道型号	最大许用静轮压	许用工作轮压							
			运行速度 20 m/min				运行速度 25 m/min			
			M3、M4	M5	M6	M7、M8	M3、M4	M5	M6	M7、M8
400	38 kg/m 43 kg/m	262.2	154.7	138.1	124.3	110.5	147.9	132.1	118.9	105.7
	QU70	330.6	195.1	174.2	156.8	139.3	186.5	166.5	149.9	133.2
	QU80	364.8	215.3	192.2	173.0	153.8	205.8	183.7	165.4	147.0
	QU100	478.8	282.5	252.3	227.0	201.8	270.1	241.2	217.0	192.9
500	QU100	598.5	364.8	325.7	293.1	260.6	353.2	315.3	283.8	252.3
	QU120	741.0	451.7	403.3	362.9	322.6	437.2	390.4	351.4	312.3
630	QU100	754.1	474.3	423.5	381.1	338.8	459.6	410.4	369.4	328.3
	QU120	933.7	587.2	524.3	471.9	419.5	569.1	508.1	457.3	406.5
710	QU120	1 052.2	675.5	603.1	542.8	482.5	654.5	584.8	526.3	467.9
800	QU120	1 185.6	768.8	686.4	617.8	549.1	745.7	665.8	599.2	532.6

注：1. 许用工作轮压是按车轮踏面最大疲劳强度计算得到。

2. 参数值是按车轮的材料为 65 Mn 计算得到。

车轮组零件材料力学性能应符合要求（见表 3-4-2）。

表 3-4-2　车轮组零件材料力学性能

序号	车轮组组成及零件名称		材料
1	车轮	铸造车轮	力学性能不低于 GB/T 11352—2009 规定中的 ZG340－640
		锻造车轮	力学性能不低于 GB/T 699—2015 规定中的 55 钢
		轧制车轮	力学性能不低于 GB/T 699—2015 规定中的 60 钢
2	车轮轴		力学性能不低于 GB/T 699—2015 规定中的 45 钢
3	轴承箱		力学性能不低于 GB/T 1348—2009 规定中的 QT400－15
4	轴套		力学性能不低于 GB/T 9439—2010 规定中的 HT150
5	通盖、闷盖		力学性能不低于 GB/T 9439—2010 规定中的 HT150

采用千分尺检验车轮、车轮轴、轴承箱尺寸的精度。车轮精度应符合 JB/T 6392 的规定。车轮轴轴伸与联轴器、轴接手配合时，轴伸直径尺寸公差宜为 s6；与减速器空心轴孔配合时，轴伸直径尺寸公差宜为 g6。剖分轴承箱、圆形轴承箱外径与尺寸偏差宜为 f8。

目测车轮、铸锻件表面质量及轴承箱机械加工面和车轮轴等外露部位的防护措施。车轮表面质量应符合 JB/T 6392—2008 的规定。用布氏硬度计在车轮踏面上沿圆周等分测三点，其中两点硬度符合 300HBW～380HBW 即为合格，当某检测点的硬度值不符合要求时，沿该点的轴线方向加测两点，如该两点都合格即为合格。车轮踏面硬度为300HBW～380HBW。采用粗糙度测量仪检验车轮轴轴伸加工表面和轴承箱与端梁、台车架联接处加工表面粗糙度。车轮轴轴伸加工表面的粗糙度，不应低于Ra3.2。轴承箱与端梁、台车架联接处加工表面粗糙度，不应低于Ra6.3。轴承箱机械加工面和车轮轴等外露部位应涂防锈油，非加工面应进行涂装。铸件加工表面不应有砂眼、气孔、缩孔、裂纹和疏松等缺陷，非加工表面不应有影响强度的缺陷。锻件表面应光洁，不应有裂纹、折叠等缺陷。

车轮内部质量按JB/T 6392—2008中6.1的试验方法进行检验。车轮内部质量应符合JB/T 6392—2008的规定。

用钢尺及直角尺检验车轮组与端梁的装配尺寸，用钢尺、游标卡尺检验车轮直径及踏面尺寸。所有零件检验合格后，方可进行装配。装配好的车轮组应转动灵活。车轮组装配到端梁或台车架上之后，车轮的基准端面宜在方便检测的一侧。车轮组与端梁的装配尺寸应符合图纸设计要求。车轮组车轮直径及踏面尺寸检查，检查车轮组车轮直径尺寸是否符合设计要求，检查踏面尺寸与轨道匹配是否符合设计要求。

4.2.3　装配质量要点

运行机构总装包括安装前的准备工作和零部件组装、车轮组安装精度、联轴器安装过程、同轴度、制动器安装精度、螺栓力矩要求、绝缘电阻测量、润滑检测、涂装检测和空载试验等。

按图样规定核对小车铭牌，在各个部件转配进行前应分别进行检查工序，主要检车项目分别是电动机型号，绝缘等级，转速，制动器型号和液压推动器推力，减速器型号和传动比，车轮、电器件规格、型号等。

装配前轴孔的表面要清洁干净，并倒棱，测轴孔的配合尺寸是否符合标准，按要求测量减速器轴的径向跳动，对热装加热温度的确定，加热温度的选定应按《齿轮联轴器加热温度选取曲线表》选取，根据外齿圈与轴的配合尺寸，查出加热温度，并将查出的温度值加上环境温度，就是实际需要的加热温度值。

运行机构零部件（电动机、减速器、车轮组与联轴器或制动轮等）组装完成后，需要进行下列检测。

将小车垫高，用水准仪和钢尺检验车轮支撑点高度差；小车轨距偏差；大车车轮跨度检测，起重机跨度偏差，单侧装有水平导向轮时跨度偏差范围可适当放大，但均需要满足设计要求；车轮水平、垂直偏斜，同位差检测。

对机构联轴器、制动轮安装质量进行检测，联轴器安装径向位移和相对角向位移数值满足要求，制动轮径向圆跳动满足规定要求；制动器安装精度检测，制动器对角线相对差以及制动轮中心对制动瓦中心的位置差应满足规定要求，制动力矩调整到最大，但不允许超过最大值。

润滑管路的检测，钢管或铜管不允许有凹痕、皱着、压扁、破裂等现象，软管不应有扭曲现象，管路弯曲处应圆滑，管子排列应整齐美观，转弯处应加固定管夹，配管不漏油，润滑点处有油脂溢出。

高强度螺栓固定时，先将力矩扳手的力矩调整好，然后从接触刚性最强的结合面开始把合，初拧60%～80%的力矩，拧过一遍后，再按上述顺利，100%终拧把合，螺栓力矩大小满足要求。

涂装质量检查,涂装环境、板材处理和油漆使用符合工艺要求,表观无流挂、无气泡、无裂纹、无脱落、无针孔、无漏涂,符合 Q/DZQ 163.3—2004 的规定。

常规产品在减速器齿面淋油试车,正、反转各 5 分钟以上,检验减速器是否有异响和整个机构传动的平稳性。

第四章　电动葫芦

电动葫芦(Hoist)是一种用途十分广泛的轻小型起重设备。术语定义为“装或不装作为独立单元的横移驱动装置的载荷起升机构”，它与起重小车和卷扬机在术语定义上有着不同，特点是体积小、重量轻、承载能力大，由于其独特的结构形式和功能特点，它既可以单独作为起重装置使用，如固定式电动葫芦，又可以作为电动单梁起重机、电动悬挂起重机、电动葫芦桥式起重机、电动葫芦门式起重机和悬臂式起重机上的一个部件使用，用来升降和/或运移物品。

国内电动葫芦产品从1949年仿制以来，经过了1953年TV电动葫芦、1975年CD_1/MD_1电动葫芦、1983年AS电动葫芦和PK型环链电动葫芦到2005年开始引进的所谓的欧式电动葫芦，经历了四代技术上的变迁(图4-0-1)，每次技术的变迁都带来了新型制造技术的革新和应用场合的专门化定制，如防爆场所使用的防爆电动葫芦、洁净场所使用的洁净电动葫芦和冶金场所使用的冶金电动葫芦等。

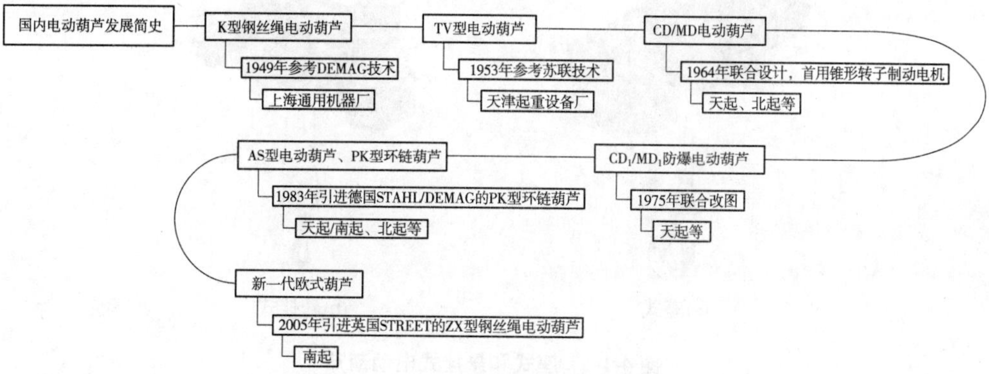

图 4-0-1　国内电动葫芦发展时间线

有关电动葫芦产品的行业标准化历史导图如图4-0-2所示。

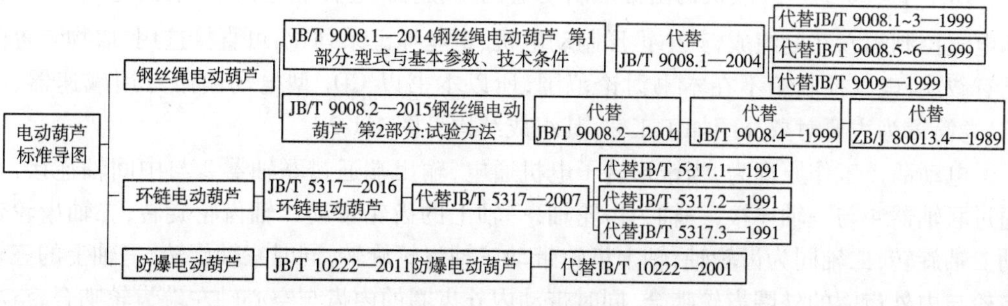

图 4-0-2　电动葫芦行业标准化历史导图

根据吊挂挠性件的不同，电动葫芦可分为钢丝绳电动葫芦和环链电动葫芦，二者之间的差别主要是结构形式、起升驱动方式和定位精度等，但也有着很大的共性，如使用场所、轻小型等。而较大的差别在于所谓的欧式电动葫芦和常规 CD_1/MD_1 电动葫芦之间，这种差别主要体现在欧式电动葫芦采用紧凑的设计方案，充分保证了设计先进，操作简单安全、方便快捷；起升机构采用 C 型布置、净空高；起升机构和运行机构配置在中心线两侧，加上平衡配重可以有很好的受力性能；外形上重量轻、尺寸小、结构紧凑、装配精度高和外观漂亮等。

第一节　CD_1/MD_1 电动葫芦

1964 年我国联合设计生产 CD/MD 电动葫芦后，于 1975 年对其进行了更新，型号变更为 CD_1/MD_1，国内以此电动葫芦作为起升机构的中小型起重机便得到了极大的发展，截至到目前，采取 CD_1/MD_1 电动葫芦起重机的产量还占据桥架型起重机的 80%居多，尤以电动单梁起重机、电动葫芦门式起重机更多。常见的 CD_1/MD_1 电动葫芦额定起重量从 0.5~32t，按固定方式包括座式和悬挂型两类，见图 4-1-1。本节以更加典型的 CD 电动葫芦的装配工艺和质量要点做简单介绍。

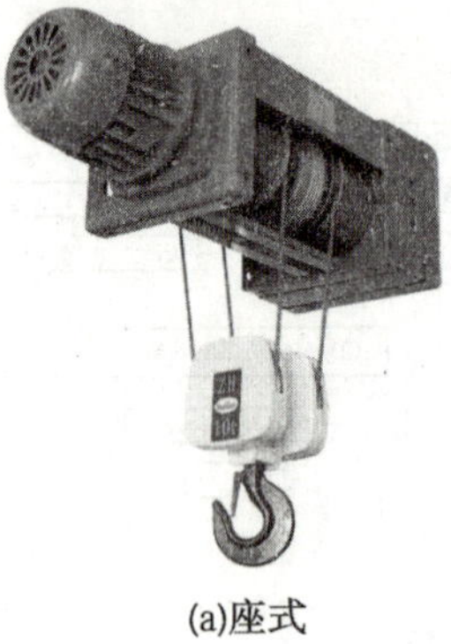

(a)座式

(b)悬挂式

图 4-1-1　座式和悬挂式电动葫芦

1.1　CD_1 型电动葫芦装配工艺

CD_1 型电动葫芦组成机构由锥形制动电机、减速器、卷筒和卷筒罩、钢丝绳、取物装置和电气控制箱六部分组成，其中锥形制动电机、钢丝绳已系列化，可直接选用，取物装置前已有叙述，电气控制箱不在本书讨论范围，所以本书以 CD_1 型电动葫芦专用减速器、卷筒、卷筒罩为主要对象介绍加工工艺，其组成结构见图 4-1-2。

电动葫芦工作原理为，当锥形转子电机通电，输出端通过联轴器 2 与中间轴连接，在通过联轴器 4 与一轴连接，一轴为齿轮轴，一轴上的齿轮带动二轴齿轮旋转，二轴齿轮带动二轴旋转，二轴同为齿轮轴，轴上齿轮带动三轴齿轮旋转，同时三轴旋转，三轴上的三轴齿轮与内外齿圈的外圈齿轮啮合，同时带动内外齿圈的内齿与空心轴左端齿轮啮合，空心轴是一根齿轮轴，含左右两个齿轮，左端齿轮带动空心轴上的右端齿轮旋转，右端齿轮与内齿轮啮合，内齿轮与卷筒为均布式螺栓连接，内齿轮带动卷筒旋转，卷筒的转动带动钢丝绳的收放，实现电动葫芦的起升过程。

减速器的作用就是将高转速、小扭矩的机械能转换成低转速、大扭矩的机械能，传输到齿轮箱的输出端，实现减速功能，可见其工作是一直处于变速、变载的状态，内部的结构比较复杂，主要由箱体、传动轴、传动齿轮、轴承等零件组成，其箱体主要采用铸造工艺，轴承一般用标准件，传动轴和传动齿轮的加工工艺比较成熟，可以参考相关的工艺教材。

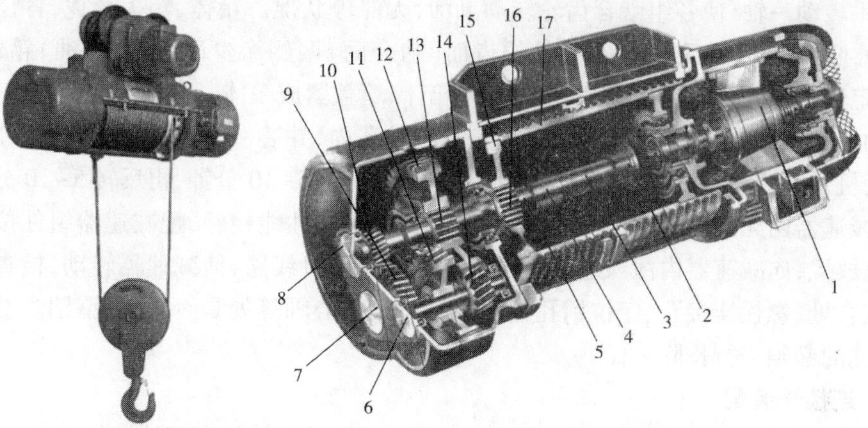

1—锥形转子电机；2—联轴器；3—中间轴；4—联轴器；5—空心轴；6—三轴；
7—二轴；8——轴；9—二轴齿轮；10——轴齿轮；11—三轴齿轮；12—内外齿圈；
13—空心轴左端齿轮；14—三轴齿轮；15—内齿轮；16—空心轴右端齿轮；17—卷筒

图 4-1-2　CD_1 电动葫芦及其内部结构

电动葫芦专用减速器，包括箱体、传动轴、传动齿轮、轴承等主要零件，其箱体主要是铸造工艺，轴承是标准件，传动轴和传动齿轮的加工工艺比较完善，可以参考相关工艺教材。

1.1.1　电动葫芦总成组装

卷筒外壳与减速器装配，测量减速器输出轴、轴端、挡圈与电动机等关键尺寸参数，装弹性联轴器，吊运电动机与卷筒外壳联接，测量两挡圈内距，接通电机线路，测量噪声。电动机与外壳分解，卷筒吊入外壳内，再将电动机与外壳用螺栓联接后平放，缠绕钢丝绳，绳一端穿入导绳器卡板孔，接通电机线路，使卷筒断续旋转，用压绳板压紧绳端后，将绳缠绕在卷筒上，安装导绳器。分别吊起主动、从动墙板部件，用双头螺栓、螺母与卷筒的架板孔联接。连接架组装：用连接架轴分别将两个连接架与卷筒的架板孔联接（穿入间隔套筒）。双轮小车、电动小车组装：分别吊起双轮小车，主动、从动墙板部件，用双头螺栓，螺母与连接架孔联接。装吊钩：将钢丝绳一端穿入吊钩组的滑轮后，绳端用塞块与卷筒外壳的耳子塞牢。电器装置安装：固定断火限位器、限位杆，安装停止块，将电动葫芦总成吊装于试验台。按检测规程调试，符合技术要求，将电动葫芦吊下试验台，喷漆，铭牌安装，检查。

1.1.2　减速器装配

用煤油清洗箱体、箱盖，主要是轴承孔径，复检箱体与箱盖孔径的同心度、同轴度，箱体与箱盖合拢，定位销打入定位孔，用内六角螺栓使箱体、箱盖紧成一体，箱体向上，将专用的两种检测芯轴分别穿入被检测的孔中，箱体、箱盖交转 90°，将芯轴下端装入轴用挡圈，以免芯轴脱落（箱盖在上方），翻转工件（箱盖在下方），将第三种检测芯轴由箱盖孔中穿入。三个芯轴的安装以芯轴能自由穿入和取出，其工件的同轴度为合格。用煤油清洗各轴承、各减速器、各轴，各齿轮。对各轴轴颈、轴孔等尺寸进行测量。各轴承内径，各轴承配合箱体，箱盖孔径。确认尺寸没问题后对各轴承、各齿轮进行组装。箱体内各部件组装，用手转动一轴，使各组啮合齿轮转动灵活，无滞停状况。箱体、箱盖合拢，各齿轮面擦洗干净，吹（晾）干，在各轴的小齿轮的齿面（啮合面）两侧涂少许红丹粉（油）箱体、箱盖合拢，定位销打入定位孔，用内六角螺栓使箱体、箱盖紧成一体。由箱体上孔，把三轴轴端滚针轴承装入，把空心轴内孔的轴承装入空心轴孔内，并装一孔用挡圈。减速器磨合，接通电动机及开关线路，使减速器各轴及齿轮转动，正转 5~10 分钟，再反转 5~10 分钟。转动时，减速器内无明显异响，并测量其噪音级别。密封性能检验，把减速器组件按正常工作状况放置，向减速器内注入适量齿轮油。接通电动机线路，使减速器转动，检查箱盖与箱体接合处、螺栓连接孔、定位销孔轴承盖、一轴、空心轴等处是否渗油、漏油。对发现渗渍、漏油的必须进行排除。

1.1.3 连接架装配

将轴承挡盖分别放置平衡梁两孔外侧，用专用压盖螺栓将专用钻模与挡盖、平衡梁连成一体，按钻模钻孔，取下压盖螺栓及钻模，将 UG 关节轴承压装平衡梁孔内。用螺栓将挡盖、轴承、平衡梁紧固，轴端压板按架板螺钉孔距、轴压板槽深定位钻孔，轴、套、管、压板备齐，待与卷筒外壳连接架板装配使用。

1.1.4 主动车轮、从动车轮装配

在车轮轮缘端孔内分别装孔用挡圈和通盖，压入滚动轴承，小车轴压入墙板孔内，垫圈装入小车轴上，将车轮与轴承组合件放在小车轴端，用压套放在轴承内圈上，使内圈压入小车轴内，检查轴承轴向间隙，转动灵活，轴端装轴用挡圈。轴承内装适量铵基润滑脂，轴承外端装闷盖，孔用挡圈。

1.1.5 驱动装置装配

按电动机连接法兰制作衬垫。电动机与减速器用螺栓（双头）连成组合件，向减速器内注入适量机械油，接通电动机线路。减速器转动，检查减速器箱盖结合处，电机结合处、输出轴轴端、轴承闷盖是否有漏油、渗油现象。检查是否有异常音响，噪声大应进行修理或排除。修理或排除异常问题后，再次接通电动机线路，使减速器转动磨合并检查。试验磨合时间不少于 5 分钟。

1.2 质量要点

1.2.1 一般性检查（100%检查）

（1）产品规格型号、性能参数等是否符合定货合同或生产计划的要求；

（2）绝缘性检查：用 500 V 兆欧表检查常温绝缘电阻不小于 1.5 MΩ；

（3）减速器密封性检查，向减速器内注满柴油，检查各密封部位，不得有漏油、渗油现象；

(4)接地情况检查:目测接地螺钉是否拧紧,接地连接处是否有油漆和锈痕,是否有接发标志,接地电阻值应不大于 0.1Ω;

(5)钢丝绳绳端固定和缠绕正确性检查:用力矩扳手检查卷筒上的压绳板螺钉以及钢丝绳固定有关螺钉的拧紧程度,所施加的力矩根据螺钉大小而定,参照 ZBJ 800134—89 附录 C 执行,其自由端和固定端不得装错,缠绕按图纸或说明书的规定;

(6)吊钩装配质量检查:用手转动吊钩应灵活,在水平面内能转 360°;

(7)目测检查涂漆表面质量应均匀光亮,色泽一致,不得有漏漆,并检查标志是否齐全。

1.2.2　空载实验(100%检查)

在额定频率和额定电压下,在试车台上做空载运转,起升、下降运动不少于 2 个循环,并进行以下项目检测。

(1)记录每相电压和电流;

(2)检查限定位器作用:用手推或拉动限位杆,使限位器动作,切断控制起升或下降的电路,吊钩应能立即停止相应方向的运动,此时反方向的运动还可以进行;

(3)检查导绳器的装配质量:首先检查卷筒上缠绕的钢丝绳是否坚固,然后开动起升机构,吊钩下降,卷筒转动两圈,钢丝绳能否通畅地从导绳器口中排出来;

(4)电动按钮,目测电动机的轴向移动量,应在 1~2 mm 之间;

(5)测定运行小车的空载噪声:将电动式运行小车放在地面平台上,并在空载下使电动机空运转,在水平面上距声源 1 m 处,且相隔 90°的四个点上,用声级计各测一次噪声,取最大值。

1.2.3　额定载荷实验(100%检查)

在额定电压、额定功率和额定载荷条件下,在试车台上进行下列实验:

(1)降压实验:将电动机进口处电压调整为 85%的额定电压,使载荷在空中起动三次,总行程约 2 m,再慢速起升一次,约 10 m。

(2)测定制动下滑量:吊钩吊装有砝码,旁边立有一带刻度的标材,在吊钩下降过程中突然切断下降电路,此时砝码底平面对应标杆刻度与最终停止时所处的刻度值之差既为制动下滑量,连续三次,取其平均值。

(3)测定起升速度:当起升距离超过 0.5 m 后,用秒表测量 10 s 内所起升的距离,或取某一固定距离,测量所需时间,通过计算求得起升距离,测量所需时间,通过计算求得起升速度,测四次,取其平均值。

(4)测定起升机构的噪声:将电动葫芦安装在试车台上,测量时以整机最大外廓尺寸为测距的计算点线。测点位置在自起点向外扩展的 1 m 的平行线上,共 8 点,测点距反射面(墙壁、立柱、机床等)和其他物体应不小于 1 m,距墙壁相距不少于 2 m。测量时,用声级计在各测点上先按 A 挡读数测定背景噪声,然后测整机噪声,测试时,脉冲峰值除外,当测得值与背景噪声之差在 4~9 dB(A)范围时,测试值应予修正,修正值 K_1 见表 4-1-1。起升机构实际噪声值为实测噪声减去修正值 K_1。

表 4-1-1　dB(A)

实测噪声与背景噪声之差	9~6	5~4
K_1	1	2

(5)记录电流、电压值。

1.2.4　动载实验

在额定电压、额定功率和实验载荷 1.25 倍的条件下,在试车台上进行五次往复实验,且空中起升制动不得少于三次,快速时每次行程约 2 m,慢速时每次运行约 1 mm。

1.2.5　涂装和外观、漆膜厚度与其附着力的检查

(1)涂装和外观的检查(100%检查):目测检查涂漆表面质量应均匀光亮,色泽一致,不得有漏漆,并检查标志是否齐全。

(2)漆膜厚度检查(1/批检查):用漆膜测厚仪测量。

(3)漆膜附着力检查(1/批检查):在电动葫芦涂漆表面,任取十处,用专用刀具划格实验,划格时,刀刃与被测表面应垂直。用力均匀。划格后用软毛刷沿对角线方向轻轻地顺、逆刷三次。在每处切割区切品交叉处允许涂层有少许落片剥落,其剥落面积不大于 5%,其表面外观如图 4-1-3 所示。

图 4-1-3　划格法附着力测试

第二节　欧式电动葫芦

欧式电动葫芦是业界的习惯叫法,主要是其清新的结构型式和外观,使得国内看惯了 CD/MD 葫芦外形的用户感觉到耳目一新,就设计思想和加工工艺等方面也有着很强的特点,值得国内制造商学习,本书也延续这种叫法。总体来说,欧式电动葫芦具有如下特点:总体布局是并联型、电动机使用圆柱转子、制动器使用盘式制动机构、调速使用变频、减速器整体不漏油、“三合一”驱动形式外加 PLC 等智能控制方式。

图 4-2-1 某公司开发的新一代欧式电动葫芦产品,全系列共有 6 个机型,即 ND 3200、ND 5000、ND 12500、ND 20000、ND 25000、ND 40000。工作级别为 M4~M7,滑轮组倍率 2/1、4/1、4/2、6/1、8/1 和 8/2 等多种形式。电动葫芦主要传动部件全部外露,新系列具有更大的作业范围和更小的工作盲区,便于安装维修。ND 型电动葫芦采用高等效起动次数、低振动、低噪声设计的电动机,电磁盘式制动器和长寿命的硬齿面减速器,使新系列具有优异的免维

图 4-2-1　某公司生产欧式电动葫芦示意图

护设计和高可靠性。

电动葫芦的安装形式分为低建筑高度单轨小车式(D 型,适用于单轨或电动单梁起重机)、双轨小车式(S 型,适用于双梁起重机)和固定式(G 型)。运行速度为 2～20 m/min,无级变频调速,标准起升速度为 5/0.8 m/min,也可选用变频调速,电动葫芦起动、制动平稳,使葫芦吊运物摆动小,定位精确,操作性能大大改善。

与普通低净空葫芦相比,ND 型电动葫芦的一个最大改进就是配重箱的取消。传统低净空葫芦为了保持受力平衡,在起升对侧均需设计专门的配重箱,这样既增加了葫芦自重,造成资源浪费,而且使用中还经常出现配重不准确、葫芦偏沉的现象。全新设计的反滚轮装置由反滚轮、支架和弹簧组成,通过调整弹簧的压缩量,使葫芦运行中,反滚轮始终有一个力作用在主梁下盖板上,从而让主动车轮保持有足够的轮压,避免出现打滑的现象。

电动葫芦的起升装置由升降驱动装置、卷筒、外罩和限位装置组成。升降驱动采用德国原装进口的 2/12 级起升电机,工作级别 M5,起升 5/0.8 双速,电机内部齿轮均采用磨齿机加工而成,硬度达到 HRC60 以上,精度达到 7 级,外壳结构采用铝合金材质,最大限度地降低自身重量,电机整体性能与科尼、德马格所采用的电机相当,将来在市场上完全可以与其进行正面竞争。

2.1　主要装配工艺流程

ND 型钢丝绳电动葫芦装配流程如图 4-2-2 所示。

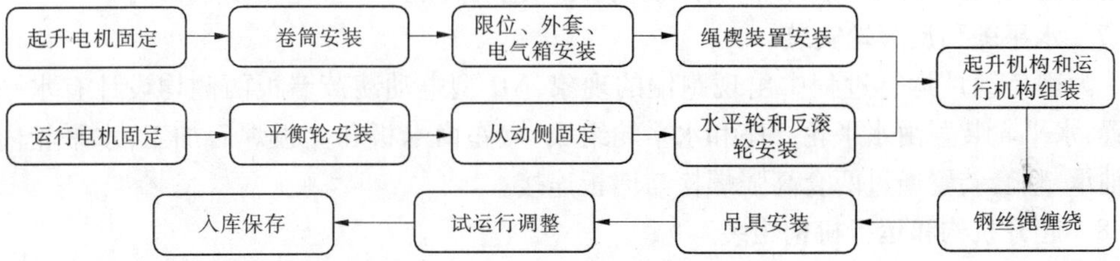

图 4-2-2　ND 型钢丝绳电动葫芦装配流程

2.1.1　起升机构减速电机固定

减速电机首先通过周边四颗螺钉和定位销固定在法兰之上,并通过花键轴将扭矩传递给卷筒,花键轴上设计有专门的轴向力承载结构,来承受工作中产生的轴向力。

2.1.2　卷筒安装

卷筒装置由套筒和左、右端盖组成,加工过程与传统 CD 型电动葫芦类似。装配时,电机侧卷筒通过花键套与电机花键轴连接,通过花键啮合传递扭矩,限位侧卷筒通过支撑轴将力传递到法兰上的轴承室,轴承室采用活连接结构,通过四颗螺钉固定到法兰上。

2.1.3　限位装置安装与外罩固定

限位装置采用与桥机上通用的多功能旋转限位,通过钢板折弯的支撑底座固定在法兰上。外罩装置主要由外罩、拉杆和法兰组成,其中外罩设计为可拆卸式,由薄钢板直接折弯而成,并且两端设计有卡口,这样可以很方便地进行拆装。两端法兰之间采用拉杆支撑,这样对于不同起升高度的外罩,只需更换相应长度的拉杆即可,简单方便,为便于安装和改善受力,法兰上设计有沉槽。

2.1.4 绳楔装置安装

绳楔装置由绳楔挂板和超载装置组成。挂板采用整板直接折弯,由于横向较长,中间打有螺栓孔,通过间隔套控制两侧间距,挂板固定于起升装置中与卷筒平行的连接杆上。超载装置由板环超载和杠杆装置组成,这样对于不同吨位的电动葫芦,只需调整杠杆两侧的力臂长度,可以达到用一个规格的超载进行控制的效果。

2.1.5 运行机构减速电机固定

ND 型电动葫芦的运行装置由从动侧驱动、主动侧驱动、水平轮装置、反滚轮装置及连接螺栓组成,与起升装置类似,运行装置法兰之间也是通过拉杆连接,拉杆中间采用挂板固定的平衡滑轮,整套装置与普通低净空葫芦最大的不同是:法兰与墙板之间是通过四颗高强螺栓和两颗定位销连接,同时引入水平轮装置和反滚轮装置,这些都将极大地提升葫芦的性能。

与从动侧驱动不同,主动侧驱动采用的是两端带密封圈的深沟球轴承,并且将轴承安装在墙板内部,车轮与车轮轴采用键连接。运行驱动采用的 F 系列的空心轴“三合一”电机减速器,减速器安装方式与普通欧式单梁相同,与安装法兰间都是采用螺栓连接,与主动车轮轴间采用平键连接,以此将扭矩传递到车轮上。

2.1.6 从动侧固定

从动侧驱动由从动墙板、从动车轮轴和从动车轮装配组成。从动墙板与车轮轴之间采用过盈配合,并且后端配有轴端挡板,装配工艺与普通 CD 型电动葫芦相同。

2.1.7 水平轮和反滚轮安装

为避免葫芦运行过程中出现跑偏的现象,ND 型电动葫芦墙板两侧均设计有水平轮装置,水平轮装置由水平轮支座和水平轮组成,支座由卡板和立板焊后加工,水平轮内装有轴承,整套装置通过两套高强螺栓与墙板连接。

2.1.8 起升机构和运行机构组装

利用吊运设备将起升机构和运行机构吊起在地面一定高度的同一位置,进行组装,采用销钉和内六角螺钉进行安装。

2.1.9 钢丝绳缠绕和吊具安装

压绳板通过内六角沉头螺钉固定,将钢丝绳一段固定于卷筒上,钢丝绳穿过导绳器,将导绳器固定,起动起升机构电机,钢丝绳缠绕于卷筒上,另一侧钢丝绳穿过吊具、平衡滑轮、吊具后通过绳锲装置固定。

2.2 主要质量要点

(1)卷筒安装。卷筒花键套与电机花键输出轴末端留有 1 mm 的间隙,以防止电机输出轴的轴承室受力。需要注意的是,在设计中卷筒两端与法兰均留有 5 mm 间隙,安装时需保证。

(2)限位装置安装与外罩固定。限位器输出轴为非标定制的腰形轴,并在卷筒支承轴上对应铣出一定深度的腰形槽,通过配合将卷筒转数传递到限位装置,从而达到控制葫芦上下极限位的作用。外罩在制作时必须严格保证外罩尺寸和折弯角度,法兰设计的沉槽深度加工时须严格控制。整个外罩装置装配好,两法兰间距需严格按照图纸要求,否则将直接影响整个葫芦的性能。

(3)绳楔装置安装。对于绳扣的安装方式,根据手册要求,应安装在一根钢丝绳上。

(4)从动侧固定。三个从动车轮结构一致,内部都装有调芯滚子轴承,承载能力强,由于空间受限,轴承不带密封圈,两端设计有通盖、闷盖。车轮与墙板间设计有间隔套,起到定位作用,控制车轮的轴向移动。

(5)水平轮和反滚轮安装。正常运行中水平轮与下翼缘板两侧留有少量间隙,一旦葫芦跑偏,水平轮就会顶在下翼缘板侧面,进而实现纠偏的效果,保证葫芦始终沿梁盒运行。

(6)钢丝绳缠绕。保留规定的安全圈数。

第三节　环链电动葫芦

环链电动葫芦因采用的挠性件为起重链条而得名,机体选用高强度拉伸壳体或压铸铝壳体,采用薄壁挤压成型工艺精密制造,体积小,重量轻,强度高,取物缠绕装置的不同决定了它有着钢丝绳电动葫芦不可比拟的优点,对比起来主要优势如下:

(1)体积小,环链葫芦的取物缠绕装置是起重链条,驱动链条升降的是链轮,根据设计标准要求,链轮的宽度仅是链条宽度的 1.6 倍,环链与链轮的最大包角是 270°,而钢丝绳电动葫芦使用的取物缠绕装置是钢丝绳,为了起升高度的容绳量,再加上安全圈和压绳圈,那么卷筒的尺寸要大于链轮的宽度,从而使得环链电动葫芦的尺寸下,重量轻。

(2)环链电动葫芦既可以悬挂在固定构架上作升降起重设备,又可以悬挂在运行校车上,在架空道上进行起重运输作业,还可以作为电动单梁悬挂起重机、电动单梁起重机及悬臂起重机的起升机构,但其起升高度有限,不适用于较大的起升高度。

根据洁净环链葫芦有无运动机构和安装方式不同,分为以下三种型式:①固定式:无运行机构,固定使用的环链葫芦(见图 4-3-1);②单轨小车式:单轨道运行机构的环链葫芦(见图 4-3-2);③双梁小车式:有双轨道运行机构的环链葫芦(见图 4-3-3)。

3.1　主要生产工艺

以下以 10t 环链电动葫芦介绍其主要零部件和装配工艺,示意图见图 4-3-4。其主要零部件包括制动电机、减速器、链轮(见图 4-3-5)和起重链条,这里制动电机为通用件,减速器的制造工艺非常常见,起重链条也有专门的标准规范生产,对于链轮则需要专门的工艺进行生产。

3.1.1　链轮制造工艺

环链电动葫芦中最主要零部件就是起重链轮,是升降载荷的关键驱动零件,对环链电动葫芦的质量起到了决定性的作用。传统的链轮制造采用球墨铸铁(QT1200-1)材料。因球墨铸铁链轮具有耐磨性高、润滑性好、铸造效率高、加工周期短等缺点。其缺点主要是,由于球墨铸铁链轮属砂型浇铸件,铸件的连接或转角部分容易产生内应力、缩孔和缩

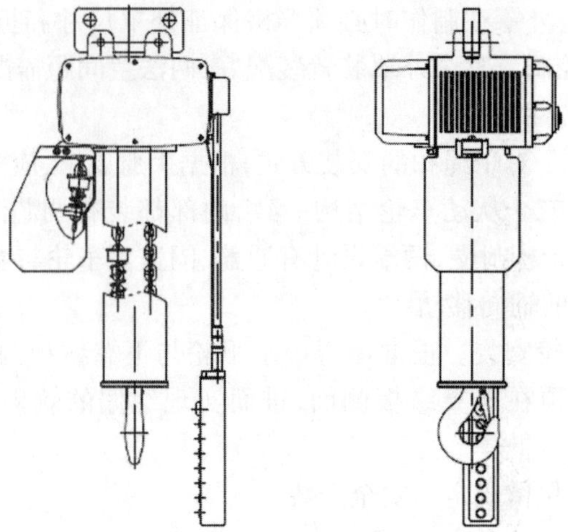

图 4-3-1　固定式环链电动葫芦

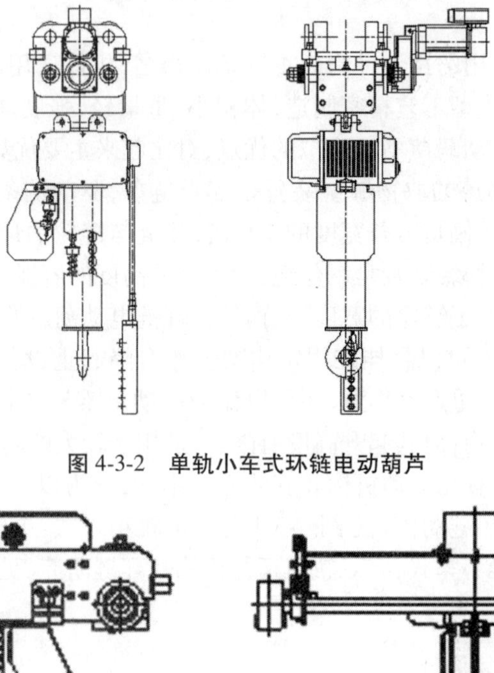

图 4-3-2　单轨小车式环链电动葫芦

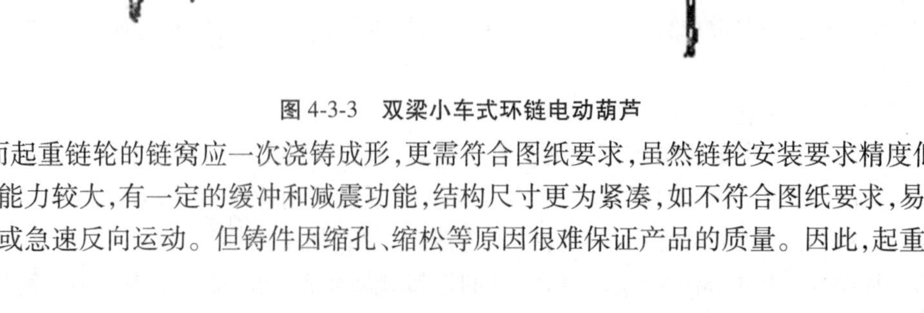

图 4-3-3　双梁小车式环链电动葫芦

松，而起重链轮的链窝应一次浇铸成形，更需符合图纸要求，虽然链轮安装要求精度低，但承载能力较大，有一定的缓冲和减震功能，结构尺寸更为紧凑，如不符合图纸要求，易发生跳齿或急速反向运动。但铸件因缩孔、缩松等原因很难保证产品的质量。因此，起重链轮

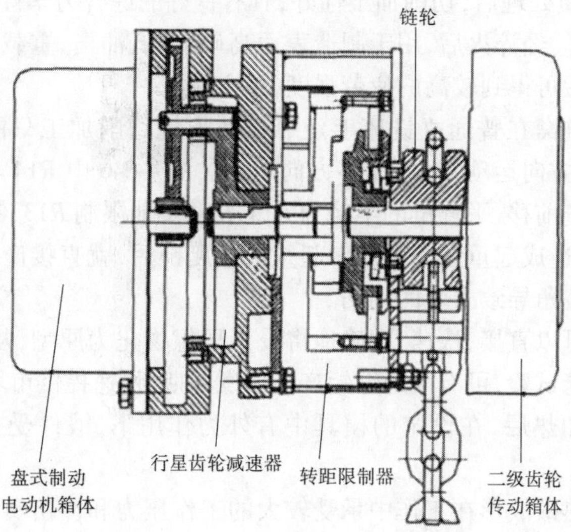

图 4-3-4　10 t 环链电动葫芦传动结构图

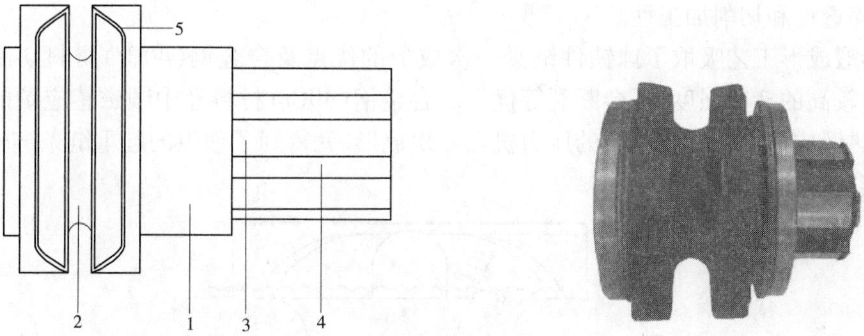

1—链轮轴；2—链轮齿；3—台阶面；4—条形槽；5—尼龙层

图 4-3-5　链轮

铸造工艺严格、废品率高，一旦铸造或球化不合格，韧性下降，即产生断裂，极易造成事故，所以现在出现了两种新的加工工艺，未来随着 3D 打印技术的发展，也许会出现 3D 打印出的链轮。

合金钢（40Cr）材料经仿形铣切削成形工艺，如图 4-3-6、图 4-3-7。

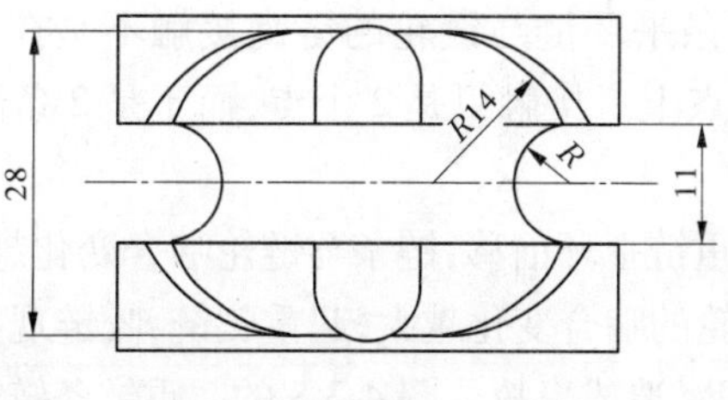

图 4-3-6　起重链轮链窝

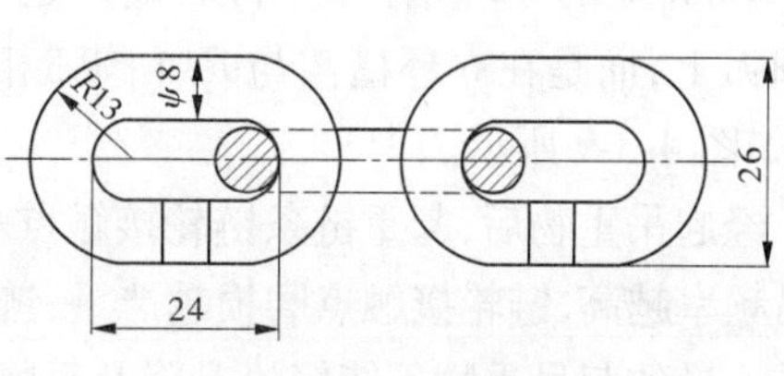

图 4-3-7　起重链条（以 ψ8×24 为例）

40Cr 材料经调质处理后，切削加工性好，具有良好的综合力学性能，低温冲击性及缺口敏感性、淬透性好。经淬火后，用于制造表面高硬度、低冲击、重载、耐磨的零件。起重链条链轮经热处理后可得到较高的疲劳强度，不会断裂。

起重链条链轮链窝在普通立铣床上经靠模仿形铣切削加工只能得到如图 4-3-6 形状，因靠模只能同一方向运动，而不能多方向运动。图 4-3-6 中 *R*14 不能限制图 4-3-7 中起重链条负重平环链前移，平环链的半径为 *R*13，*R*14 不能限制 *R*13，链条和起重链条链轮链窝啮合不良，容易造成起重链条爬链。起重链条爬链后，就直接产生平环链咬伤现象，及各加工面产生的棱角导致立环的刮伤。

热锻成形工艺可以直接、快速、精确地将设计思想物化为原型，从而可以对产品设计进行快速修改和功能试验，可有效地缩短产品研发周期，快速提供市场所需产品。热锻成形原理是原材料经加热后，在设定的模具中有外力作用下，锻件受挤压，在模膛中得到充填。

起重链条链轮热锻成形在工作中承受较大的工作压力和冲击负荷，模具型腔与加热后的金属坯料相接触，再加上与工件的强力摩擦，使其本身温度高达 400～600°C，工件出模后型腔还要用水或压缩空气进行冷却。随后再与炽热的工件相接触。如此循环冷热反复交变。因此，热锻模应具有足够高的韧性，高温强度，高温硬度，良好的耐磨性，耐热疲劳性、淬透性和切削加工性。

热锻成形工艺吸取了球铁件链窝一次成形的优点及合金钢（40Cr）材料切削加工链轮具有较高的疲劳强度、不会断裂等优点。合金钢（40Cr）材料经中频磁感应炉的恒温控制，经热锻成形模在经改造后的压力机上一次成形，就得到了理想的起重链条链轮链窝形状。链窝形状如图 4-3-8 所示。

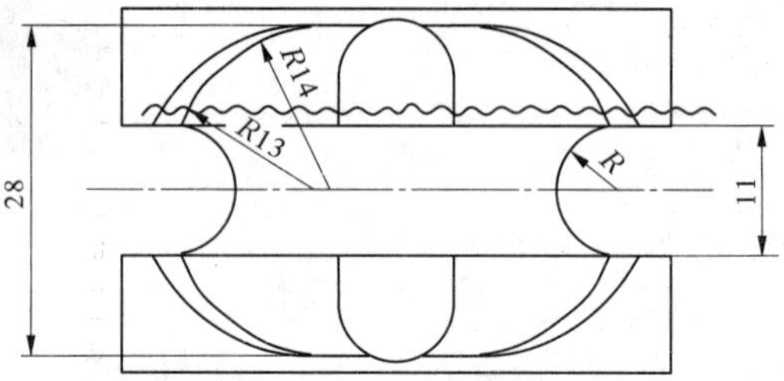

图 4-3-8　热锻成形链窝

图 4-3-8 所示的形状是理想的起重链条链轮链窝的形状，这是因为起重链条链轮平环链（如图 4-3-7）的半径为 *R*13。图 4-3-6 中链窝的平环链半径是 *R*14，因它的中间有一条 11 mm 宽的立环槽沟。所以，葫芦起重时，链条平环链与链轮的链窝接触不是在 *R*14 的圆弧上，而是在立环槽沟与 *R*14 圆弧相交的交点上。接触只是 2 个点，而不是 2 条圆弧线，如图 4-3-9 所示。

经起吊重物后，起重链条链轮接触点磨损，起重链平环前移，链条与链轮啮合变化越大、起吊频率越高，链轮接触点磨损越严重，链条与链轮的啮合变化越大，起重爬链、咬链现象越严重。导致起吊重物不能轻松升降及重物突然下坠，造成事故。图 4-3-8 的起重链条链轮平环链形状能起到限制起重链平环前移，如图 4-3-10 所示，从而达到理想的效果。

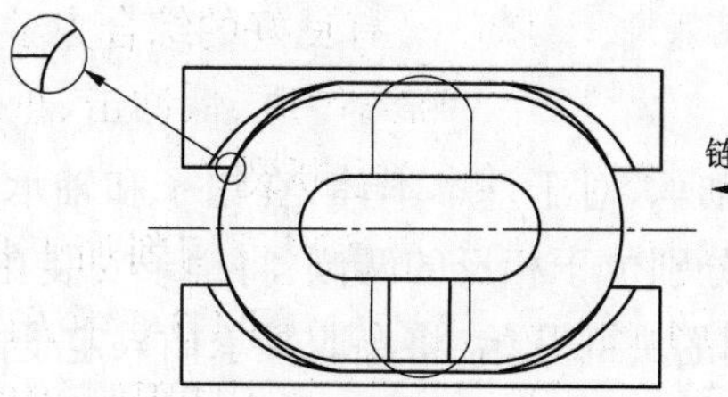

图 4-3-9　合金钢切削加工链窝与链啮合

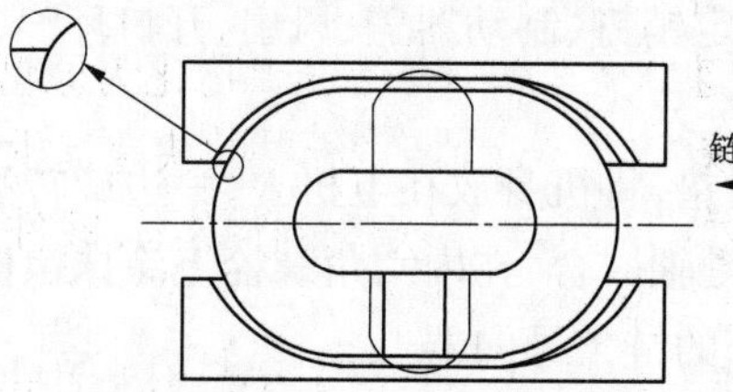

图 4-3-10　热锻成形链窝与链啮合

因起重链与起重链条链轮链窝接触是圆弧面，而不是点，所以，起重链条链轮链窝不易磨损，起吊频次越高，啮合越好，从而起到保护起重链条的作用。因此，图 4-3-8 所示的形状是理想的起重链条链轮链窝的形状。

3.1.2　环链葫芦的装配工艺流程

以日本某企业生产的一款环链电动葫芦为例，进行介绍，装配流程可以总结如图 4-3-11所示。

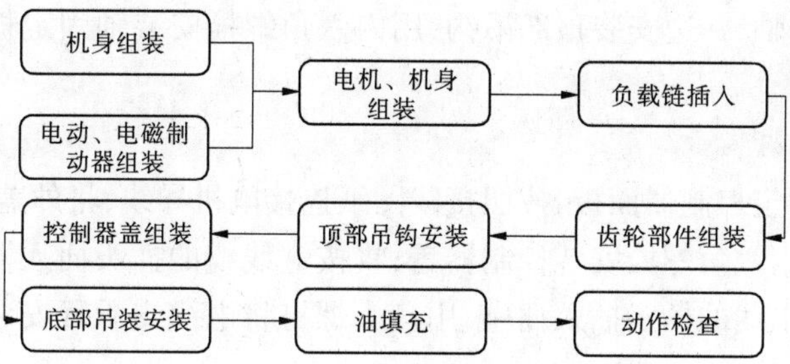

图 4-3-11　环链电动葫芦装配流程

3.1.2.1　机身组装

(1)将开口环安装在机身的塞孔上，依次压入轴承、油封，翻转机身，将轴承压入该侧塞孔中，直到开口环的位置，将涂抹了机油的油封插入负载滑轮内，一直插入到最底部，插入后，进一步在凸缘处涂抹润滑油。将轴承插入负载滑轮，将链条导向器安装在机身上，将机身放在木块上，尽量不要敲击轴承，使用适当的工具将负载滑轮插入到最底部。

将小齿轮(轴承一体)插入轴承支撑，然后将已插入小齿轮的轴承支承插入机身，在内六角螺栓上涂抹螺丝固定剂进行紧固，在小齿轮的花键部均匀地涂抹一层薄薄的二硫化钼润滑脂，用棍销将导向辊安装在链导向器上，用内六角螺栓将链条导向器安装在机身上。

3.1.2.2 电机、电磁制动器组装

在电机轴的两个部位压入轴承，对于基本本体，在销子和轴承之间安装开口环，安装时要使销槽和开口环的开口部分别位于相反的两侧，将销子安装在电机轴上，确保安装在销槽内，从电机轴安装销子一侧的头部开始，将专职轴承插入定子内部的塞孔内。

在电机轴的底部放置用于支承电机的挡板后，立起电机机架，从定子顶部的孔中拉出制动器用导线，将轮毂安装在电机轴上，将开口环安装在轮毂顶部，用内六角螺栓安装电磁制动器，依次安装 V 形环、固定销钉、制动器盖、风扇、开口环。

3.1.2.3 电机、机身组装

将电机安装固定销钉、密封垫，将机身放在电机上，一边旋转小齿轮，一边使小齿轮底部的花键孔与电机轴头部的花键轴嵌合，在内六角螺栓上涂抹螺栓固定剂，安装电机与机身，将限位杠杆安装在机身底部的链条导向器上。

3.1.2.4 负载链插入

使负载链的焊接部出现在负载滑轮的外侧，从链条导向器的载荷侧放入负载链，一边用手旋转负载滑轮，一边卷起，向负载链出口导出，再次检查负载链的朝向，有无扭曲，在从无载荷负载链的末端某一链环上安装限位器、橡胶衬垫或链条弹簧。

3.1.2.5 齿轮部件组装

将负载齿轮嵌入负载滑轮，用新的开口环固定，确保开口环位置以及负载齿轮的朝向正确，安装摩擦离合器，放上固定弹簧。

3.1.2.6 顶部吊钩安装

一边插入连接轴，一边安装顶部吊钩，用内六角螺栓安装轴固定板，与电动小车结合时，安装悬挂器。

3.1.2.7 控制器盖组装

用固定螺丝固定控制器面板，按照接线图纸连接电机导线，将外盖皮带安装在控制器盖和齿轮盒上，用内六角螺栓安装控制器盖，将按键线缆的插头插入插座，将保护绳固定在机身上，将电源电线的插头插入插座，用盘头螺钉将电缆支承臂安装在机身上，将链盒安装在本体上。

3.1.2.8 底部吊钩安装

2 t 以上在安装底部吊钩前要先穿过限位挡板和链条弹簧，在无载荷侧安装橡胶衬垫和限位器。

3.1.2.9 油填充

紧固已安装新密封垫的油塞，从注油孔处注入齿轮油，在油塞上安装新的密封垫后紧固。

3.1.2.10 动作检查

装配完成后，确认是否剩下忘记组装的部件，在无载荷状态下确认没有异常后，吊升和降低额定载荷，进行工作测试。

3.2 环链葫芦的质量要点和检验要求

3.2.1 环链电动葫芦技术要求

3.2.1.1 整机性能

环链电动葫芦在设计时应要符合 GB/T 3811、GB 6067.1 和 JB/T 5317 中的规定,环链电动葫芦的机体、吊钩承重件应能支持住 4 倍额定起重量的静拉伸载荷,起重吊钩应转动灵活,在水平面内转动 360°,做静载试验时,应能承受 125%额定起重量的试验载荷,做动载试验时,应能承受 110%额定起重量的试验载荷,试验过程中应工作正常,动静载试验后各受力件应无裂纹、永久变形和油漆剥落,各连接处应无松动现象;在额定电压、额定频率和额定起重量下,起升机构制动下滑量不应大于 v/100(v 为额定载荷下 1 min 内稳定起升的距离),且不大于 200 mm,起升速度的允许偏差应为名义值的±10%,下降速度的允许偏差应为名义值的-10%~25%,运行速度的允许偏差应为名义值的±15%,慢速不做考核;起升高度不应小于名义值,最小钩间距不应大于名义值,运行机构应运行平稳、顺畅,无异常噪声,起重链条与起重链轮、游轮的啮合应平稳,无异常噪声,起重链条不应有卡链、爬链和其他异常情况;在额定起重量、额定频率和电动极端电压为 90%额定电压的条件下,整机应能正常工作,吊运熔融金属环链,葫芦的额定起重量不应大于 16 t,起升机构工作级别不应低于 M6,环链葫芦的能效限额应符合 JB/T 12745 的规定。

3.2.1.2 各零部件要求

起重吊钩的力学性能应符合 GB/T 10051.1 的规定。

起重链条应符合 GB/T 20947 的规定,起重链条应装设导向装置,对链条与起重链轮和游轮的正确啮合起辅助作用。起重链条不受力的一端应设有防止起重链条过卷脱离起重链轮的限制措施。在吊运熔融金属的环链葫芦中不应使用铸铁链轮。

制动器绝缘结构的热分级不应低于 B 级,励磁线圈绝缘电阻在冷态下不小于 5 MΩ,制动器绕组对外壳金属应能承受耐电压试验 1 min 时间而不发生绝缘击穿现象,耐电压试验电压值按 JB/T 5317 中规定选取,泄露电流不应大于 10 mA,制动器应动作灵敏、制动可靠。

3.2.1.3 涂装和外观质量

环链葫芦出厂前应进行防锈处理,处理等级应达到 GB/T 8923.1 规定的 Sa2 级或 St2 级;涂装时,面漆应均匀、细致、光亮、完整和色泽一致,不应有粗糙不平、漏漆、错漆、皱纹、针孔及严重流挂等缺陷,油漆干燥后涂层厚度不应小于 50 μm,涂层的漆膜附着力不应低于 GB/T 9286 规定的 1 级质量要求。不涂装的外露面应采取防锈措施;各零部件应制造良好,不应有影响外观和使用的裂纹、伤痕、毛刺等缺陷;不应出现油、脂渗漏现象。

3.2.1.4 起升机构寿命

不同工作级别的起升机构应按照标准要求的规定方法进行寿命试验,应达到规定要求的总使用时间,试验后,起升机构应处于可用状态,不应产生明显的可识别的破损。

3.2.2 出厂检验

每台环链葫芦应进行出厂检验,检验(包括用户特殊要求检验项目)合格后方能出厂，出厂产品应附有产品合格证。

环链电动葫芦检验分类见表 4-3-1。

表 4-3-1　环链电动葫芦检验分类

序号	检验项目	检验分类		
		出厂检验	型式试验	寿命试验
1	一般性检查	√	√	—
2	绝缘电阻	√	√	—
3	接地电阻	√	√	—
4	最小钩间距	—	√	—
5	空载试验	√	√	—
6	降电压试验	√	√	—
7	制动下滑量	√	√	—
8	起升机构噪声	—	√	—
9	起升和下降速度测定	—	√	—
10	运行速度测定	—	√	—
11	限载性能试验	√	√	—
12	安全制动器试验	—	√	—
13	动载试验	—	√	—
14	静载试验	—	√	—
15	漆膜厚度	—	√	—
16	漆膜附着力	—	√	—
17	热试验	—	√	—
18	能效测试	—	√	—
19	起升机构寿命试验	—	√	
“√”表示需要检验的项目，(—)表示不需要检验的项目				

注：对于未规定试验方法的项目，可根据该项目所涉及的零部件的随行文件（如说明书、合格证等），以及该零部件的结构、材质、安装情况等进行综合判定。

作为制造企业，一般其出厂检验的方法如下。

3.2.2.1　一般性检查

主要包括，检查结构型式、电源、产品规格型号是否符合设计要求；检查起重链条链端的安装情况；检查减速器是否漏油；目测是否有额定起重量的标示及起重吊钩钩口闭锁装置（吊运熔融金属环链葫芦除外）；用手转动起重吊钩，检查起重吊钩是否灵活，在水平面内能否转动 360°；目测检查涂装表面质量是否良好；检查电器装置固定是否牢固可靠，布线是否符合设计要求；检查紧急停止开关和联锁保护功能是否有效。

3.2.2.2 绝缘与接地性

在电路与裸露导电部件之间施加 DC500 V 电压，使用绝缘电阻表等仪器测量绝缘电阻。

目测是否有接地标志，接地螺钉是否拧紧，是否有防松措施，并用适当量程的电阻测量仪测量保护接地系统的接地电阻。

3.2.2.3 空载试验

在额定电压、额定频率下，在试验台上做空载试验，操作运行机构（如果有），目测其运行情况，将起重吊钩分别向上和向下运行到极限位置（或设定的位置），检查限位性能，将起重吊钩运行到上极限位置与下极限位置，目测起重链条与起重链轮、游轮的啮合情况，测量起重吊钩上极限位置与下极限位置间的距离，即起升高度。

3.2.2.4 降电压试验

在完成空载试验以后进行，在额定频率和额定起重量下，将起升机构电动机端电压调整为 90%的额定电压之后，使载荷在空中起升 3 次，检查环链葫芦是否正常工作。

3.2.2.5 制动下滑量

在额定电压、额定频率和额定载荷条件下，采用反射式激光位移传感器连续检测载荷（砝码）的位置，当载荷下降到某一位置时，给出停止信号，测试系统标记载荷位置，载荷停稳后，测试系统标记载荷制动终止位置，系统计算出二者之差，即为制动下滑量。连续测量三次，取其平均值。

3.2.2.6 限载性能试验

环链葫芦在额定起升速度下，提升 125%额定起重量的试验载荷时，应能正常提起载荷，安全离合器均不打滑。提升 160%额定起重量的试验载荷时，安全离合器均应打滑。

第四节 冶金、绝缘、防爆、洁净葫芦的质量要点

电动葫芦作为一种传统的轻小型起重设备，不仅常用于制造、建筑、公路、桥梁、船舶等领域，也逐渐发展出几种特殊形式，如冶金葫芦、绝缘葫芦、防爆葫芦和洁净葫芦等，广泛应用在铸造、化工、电力、医药等对环境有特殊要求的场地内，这类葫芦除了需要满足基本的起升运行等功能外，还对其零部件、材料、电气、安全等方面提出了更加严格和特殊的要求。目前对这几类特殊电动葫芦的要求虽然没有形成统一的国家或行业标准，但在一些地区、企业和行业协会内已经对其零部件、材料、安全等方面的质量要求形成了一定的共识。对这四类特殊电动葫芦的制造装配工艺不再赘述，本节主要对其质量要点进行总结。

4.1 冶金钢丝绳电动葫芦的质量要点

4.1.1 工作环境条件

冶金葫芦的工作环境温度最低为-10 ℃，最高不超过+60 ℃。

4.1.2 基本要求

冶金葫芦的起升机构工作级别不应低于 M6，起升高度、起升速度和运行速度应符合

JB/T 9008.1—2014 中 4.2 的要求。

4.1.3 安全

冶金葫芦应设置常闭式工作制动器，工作制动器的制动安全系数不应低于 1.75。除设置一个工作制动器外，还应在低速端上设置安全制动器，安全制动器和工作制动器应能彼此独立操作。当传动部件失灵或工作制动器失灵导致载荷下坠时，安全制动器应能可靠地支持住额定载荷，且应使它在载荷下降速度达到额定下降速度的 1.5 倍之前制动能起作用。

冶金葫芦在上升极限位置应设置不同形式双重限位保护装置，并且能够控制不同的电气回路。还应设置超载限制器，其动作载荷不大于 1.08 倍的额定载荷。下方应设置隔热装置，且应能起到隔离热辐射的作用，安全保护电机、电气设备。

冶金葫芦应设置导绳器或采取其他防乱绳措施，在其钢丝绳缠绕系统中，不应采用平衡滑轮，且固定绳头应符合 GB/T 5973 要求。

4.1.4 主要零部件

吊钩组不应采用滑轮罩与轭板一体式结构，吊钩力学性能应符合 GB/T 10051.1 中的规定。

钢丝绳应采用性能不低于 GB/T 8918 中规定的金属丝绳芯或金属丝股芯钢丝绳，其安全系数不应小于 5.6。钢丝绳尾部应用钢丝绳夹固定，其数量和固定方法应符合 GB/T 5976—2006 中附录 A 的规定。

卷筒宜采用无缝钢管加工或钢板卷制。卷筒应采取适当防护措施，防止钢丝绳从卷筒的边缘滑落，如卷筒配备凸缘端板、框架（外壳）或导绳器；当吊钩处于工作位置最低点时，钢丝绳在卷筒上的安全圈必须不少于 2 圈（固定绳尾的除外）。

宜采用轧制滑轮，滑轮应有防止钢丝绳跳出凹槽的措施。

电动机型式、基本参数、性能及尺寸均应符合产品的设计以及主机的使用要求。电动机的外壳防护等级应不低于 GB/T 4942.1 中的 IP54（风罩除外）。电动机绕组绝缘结构的热分级应不低于 H 级。电动机的工作制应不低于 GB/T 755 中规定的 S3，负载持续率应不低于 40%，每小时起动次数应达到 240 次。

减速器的密封材料和润滑油应能满足冶金环境条件下的使用要求。

电控设备外壳的防护等级不应低于 IP54。

4.2 绝缘电动葫芦的质量要点

4.2.1 环境条件

绝缘电动葫芦主电路的额定电压为三相交流 220～660 V，额定频率为 50 Hz 或 60 Hz，电动机端电压波动范围不应超过额定电压的±10%，其中绝缘电动葫芦内部电压降不应大于 5%。

绝缘电动葫芦工作环境温度一般为-20 ℃～+40 ℃，当吊运熔融金属时工作环境温度为-10℃～+60℃。当最高温度为 40 ℃时的相对湿度不应超过 50%，在较低温度下允许较大的湿度，但最高不得超 85%。

当绝缘电动葫芦位于防爆环境工作时，其工作区域应符合 JB/T 10222—2011 中 6.2

规定。若绝缘电动葫芦安装使用地点海拔超过 1 000 m,应依据 GB/T 3811—2008 第 7.7.2.4 条对电动机容量进行修正。

电动机的运行条件应符合 GB/T 755—2008 中第 6 章和第 7 章的规定。电器设备的正常使用、安装和运输条件应符合 GB 14048.1—2012 中第 6 章的规定。环境中如有附着物粘连在绝缘电动葫芦绝缘连接处,应及时清理。

4.2.2 使用性能

绝缘电动葫芦的使用性能应满足 JB/T 9008.1—2014 中 5.3 的规定。防爆型绝缘电动葫芦使用性能应符合 JB/T 10222 的要求。绝缘电动葫芦应采用非跟随式操作。

4.2.3 材料

绝缘结构设计应充分考虑受力情况,绝缘材料优先选用环氧树脂硬质层压板及电气用热固性树脂工业硬质圆形层压管和棒,其性能应分别不低于 GB/T 1303.4 和 IEC 61212(所有部分)的规定。

在电解池上使用时,吊钩应采用防磁材料,材料性能不应低于 1Cr18Ni9Ti。防爆型绝缘电动葫芦的材料还应符合 JB/T 10222—2011 中 6.3 的要求。

4.2.4 主要零部件

绝缘电动葫芦应设置三级绝缘(吊钩横梁与轭板之间的绝缘、吊钩组与钢丝绳之间的绝缘、起升机构与运行机构或固定机构之间的绝缘)。绝缘材料尺寸设计应考虑不同电压的爬电距离与电气间隙,防止爬电与击穿,其尺寸应符合 GB/T 3836.3 中 4.3 的规定。

吊钩横梁与轭板之间的绝缘结构宜采用套筒式与轴间挡片组合方式,其轴向定位应方便绝缘部件的更换。吊钩组与钢丝绳之间的绝缘结构宜采用环氧树脂滑轮方式,滑轮外壳应采用绝缘塑料制作,防止钢丝绳与滑轮外壳接触导电。起升机构与运行机构之间连接方式应方便设置绝缘结构,采用轴连接时绝缘结构宜采用套筒式与轴间挡片组合方式。起升机构与固定机构之间的绝缘采用垫板及套筒式组合结构,应避免绝缘材料受剪力。

装配运输时应避免磕碰绝缘结构的部件。

4.2.5 电气要求

绝缘电动葫芦的电控设备应符合 JB/T 9008.1—2014 中 5.7.5 及本标准的要求。防爆型绝缘电动葫芦的电控设备还应符合 JB/T 10222—2011 中 6.4 的要求。在环境温度+20 ℃~+25 ℃、空气湿度 85%时用 1 000 V 的兆欧表测量,每级绝缘电阻值不应小于 1.0 MΩ。接地连接电阻值不应大于 0.1 Ω,其接地位置不得使两绝缘部分进行短接,还应设置绝缘失效保护装置。电气箱壳防护等级不应低于 IP54,在粉尘环境中应提高防护等级。在强磁环境中,电气控制装置应采取相应的措施满足使其用要求。

4.3 防爆葫芦的质量要点

4.3.1 材料

产品标牌或吨位牌应用黄铜或不锈钢制作,其厚度不应小于 1 mm。

当防爆级别为 IIC 时,车轮踏面及轮缘部分应采用不因撞击、摩擦而引燃爆炸性气体混合物的铜合金或其他无火花材料制作。电缆滑车的滚轮和运行行程限位开关的碰轮,应采用青铜、黄铜或表面电阻不应大于 10^9 Ω 的工程塑料制作；当防爆级别为 IIC 时，电缆滑车的牵引线应当采用不锈钢钢丝绳。

橡胶缓冲器应符合 JB/T 8110.2 的规定，聚氨酯缓冲器应符合 JB/T 10833 的规定，且表面电阻不应大于 10^9 Ω。

对于运行小车采用手动运行方式的防爆电动葫芦，其链条或链轮等应采用无火花材料，如不锈钢等料。

4.3.2　电气防爆要求

爆炸性气体环境用电气设备应符合 GB 3836.1、GB 3836.2、GB 3836.3 及 GB 3836.4 的规定。可燃性粉尘环境用电气设备应符合 GB 12476.1 的规定。

爆炸性气体环境时，所有电气设备应采用防爆型电气设备，其中电动机及控制箱（不包括接线盒）应采用隔爆型。可燃性粉尘环境时，防爆电动葫芦配用的电动机和控制箱推荐按尘密型外壳设计制作，其他电气设备，如按钮装置、起升限位器、起重量限制器、运行行程开关及接线盒可按防尘型或尘密型设计制作。

防爆葫芦的电源引入应采用软电缆导电，电气设备之间的连线，应采用橡套铜芯多股电缆，并应带有一芯接地芯线，配线采用铜芯多股橡套电缆，电缆中间不允许有接头，必要时可设防爆接线盒。

各防爆电气设备的引入装置，应符合 GB 3836.15—2000 中 10.3.2 的规定。

防爆电器外壳明显处应设有警告牌，爆炸性气体环境时应设有“严禁带电打开”警告牌，可燃性粉尘环境时应设有“严禁带电打开”警告牌。

爆炸性气体环境用防爆葫芦电气设备的安装应符合 GB 3836.15 的有关规定；可燃性粉尘环境用防爆葫芦电气设备的安装应符合 GB 12476.2 的有关规定。

4.3.3　机械防爆要求

为防止因机械摩擦或碰撞产生火花及危险温度造成危险，防爆葫芦裸露的具有相对摩擦运动的部分应采取限速措施或其他防爆措施，如钢丝绳与卷筒或链条与链轮的卷入线速度和防爆葫芦小车在轨道上的运行速度不应大于 25 m/min。

防爆葫芦运转的起制动应平稳，应能避免产生目视可见的火花。钢丝绳或链条应有可靠的润滑。钢丝绳表面不应有断丝明显露出，对露出的钢丝有可能产生摩擦危险火花的钢丝绳应及时更换。在同一轨道上有两台以上防爆葫芦时，防爆葫芦之间应装设防碰撞缓冲装置。吊钩装置外表面应有“禁止碰撞”的警示标志。当防爆级别为 IIC 时，吊钩应采取能防止撞击或摩擦而产生危险火花的措施。

对用于爆炸性气体环境的工作制动器应采用隔爆型制动器，对用于可燃性粉尘环境的制动器应安装在尘密型外壳内。如装有安全制动器时，应采取相应的防爆措施。防爆葫芦维修时所采用的工具，其安全性能应符合 GB/T 10686 的规定。装有安全离合器时，安全离合器应采取防爆措施。

4.4　洁净环链电动葫芦的质量要点

4.4.1　一般要求

洁净葫芦应按经规定程序批准的图样和技术文件制造。表面应平整、光洁、耐腐蚀、不产生静电及不易脱落污染物。设备的设计、安装和修理等应符合预定用途,满足不同洁净环境的要求,尽可能降低产生污染、交叉污染。便于操作、清洁、维护以及必要时的消毒或灭菌,满足洁净度要求。

洁净葫芦所用润滑剂应当尽可能使用食品级或级别相当的润滑剂。各零部件应根据洁净等级要求进行相应处理,光滑牢固,不允许有目视可见的脱皮、掉漆、划痕、污渍、锈斑等缺陷存在。不应出现油、脂渗漏现象。机电式接触器应符合 GB 14048.4—2010 的要求。

4.4.2　工作环境条件

洁净厂房的用电负荷等级和供电要求应按 GB 50052—2009 的有关规定和生产工艺要求确定。主要生产工艺设备应由专用变压器或专用低压馈电线路供电。

洁净葫芦的电源额定电压为交流 220~660 V,电压波动范围不得超过额定电压的±10%,三相或单相,额定频率为 50 Hz 或 60 Hz。

工作环境温度为-20 ℃~+40 ℃,空气相对湿度不大于 85%(当环境温度为 25℃时),海拔高度不超过 1 000 m,环境中不得有易燃易爆气体或粉尘以及腐蚀性气体。

电动机的运行条件应按 GB 755 中的第 5 章和第 6 章的规定。电器的正常使用、安装和运输条件应按 GB 14048.1—2012 中第 6 章的规定。

超出以上条件时,由制造厂和用户协商。

4.4.3　整机性能

洁净葫芦机体、吊钩壳体应能支持住 4 倍额定起重量的静拉伸载荷。做静载试验时,施加 1.25 倍额定起重量的试验载荷,试验后各受力件应无裂纹、永久变形和油漆剥落,各连接处应无松动、无渗油现象。

在额定电压、额定频率和 1.1 倍额定起重量的试验载荷条件下,起升机构做动载试验时,应工作正常,制动可靠。

在额定电压、额定频率及额定起重量下,起升机构制动下滑量应不大于 v/100(v 为 1 min 内载荷按额定起升速度起升的距离),且不大于 200 mm。

在额定电压、额定频率及额定起重量下,起升速度的极限偏差应不大于规定值的±10%。慢速不作考核。

在额定电压、额定频率及额定起重量下,运行速度的极限偏差应不大于规定值的±10%。慢速不作考核。

起升机构的起升高度应不小于规定值。最小钩间距应不大于规定值。

额定起重量小于 0.5 t 的洁净葫芦,起升机构宜装设安全离合器;额定起重量大于或等 0.5 t 的洁净葫芦,起升机构应装设安全离合器,装设安全离合器的洁净葫芦,其限载值应在 1.3~1.6 倍的额定起重量范围内。

洁净葫芦应具备行程限制功能,可采用机械或电气的方法,当下吊钩上升或下降至极限位置或设定的位置时,应自动停止下吊钩在原方向上的运动,但并不影响下吊钩向相反方向的运动。

运行机构应运行平稳、顺畅,无异常噪声。起重链条与起重链轮、游轮的啮合应平稳,无异常噪声;起重链条不应有卡链、爬链和其他异常情况。

在额定起重量、额定频率和电动机端电压为90%额定电压的条件下，整机应能正常工作。

4.4.4 安全与卫生

起升机构噪声声压级：当额定起重量小于1 t时，起升机构的噪声声压级应不大于82 dB(A)；当额定起重量大于或等于1 t时，起升机构的噪声声压级应大于85 dB(A)。

环链葫芦带电部分对不带电部分金属的常温绝缘电阻值应不小于1.5 Ω。接地线与外壳的连接电阻值应不大于0.1 Ω；接地线颜色应为黄绿相间；接地螺钉应拧紧，应有接地标志。

在做温升试验时，起升机构电动机绕组和电磁制动器组的温升及热状态绝缘电阻应符合JB/T 5317—2007表6所给出的值，同时，起升机构电动机和电磁制动器绕组的温升应不损害该部件本身和相邻部件的电气和机械性能，不导致温控器(如果有)动作。

4.4.5 主要零部件

主体外壳材料性能不低于YL104，压铸件材料的化学成分和性能应符合GB/T 15115—2009的规定。壳体应根据GB/T 15114—2009中对铝合金铸件的技术要求，质量保证、检验方法和规格进行检测。压铸后时效处理，超声波探伤。所有铸铁件性能不低于GB/T 9439—2010中的HT200。材料表面应抗化学/微生物侵蚀，不产尘积尘，不霉变。

吊钩的力学性能应符合GB/T 10051.1—2010的规定。应在吊钩装置的显著位置标明环链葫芦的额定起重量，应有避免索具意外滑脱的闭锁装置。吊钩在360°范围内应转动灵活。根据不同洁净室洁净等级要求，对吊钩材质及表面进行处理，使吊钩表面平整光滑、耐磨、不产尘、不积尘、噪声小、抗静电。

起重链条应不低于GB/T 20947—2007中规定的DAT类型链条要求。应装设导向装置，对链条与起重链轮和游轮的正确啮合起辅助作用。起重链条不受力的一端应设有防止起重链条过卷脱离起重链轮的限制装置。起重链条材料应耐磨，相互碰撞噪声小。环链精度应满足DIN EN 818-7—2008的要求。起重环链材料性能不低于GB 3077—2015中的20 CrMnTi及GB/T 699—2015中的45钢，硬度不低于52HRC。链端插销采用合金结构钢，材料性能不低于GB/T 3077—2015中的42 CrMo。

电动机应为无菌电机。绝缘等级、防护等级及各项性能应满足JB/T 5317—2007中5.4.3的要求。根据洁净度等级选择不同的电动机防护等级和绝缘等级。

制动器绝缘结构的热分级不低于B级。制动器应优先采用不含石棉的摩擦材料，绕组对外壳金属应能承受耐电压试验1 min时间而不发生绝缘击穿现象，应动作灵敏，制动可靠。

电源电缆应符合GB 5013.1—2008或GB 5023.1—2008的要求。进入环链葫芦机体的入口处应有保护电缆和固定电缆的装置。控制电缆进入环链葫芦机体的入口处应有保护电缆和固定电缆的装置。控制电缆应有合适的防拉装置，使得按钮装置在受到牵拉时拉力不会直接传递到控制电缆及其电气联结部位上。配电设备应选择暗敷，表面光滑不易积尘，穿线导管应采用不燃材料。

按钮装置防护等级不低于GB 4208—2008中规定的IP55。按钮动作应稳定可靠，触头接触良好，整体结构无缺陷。外壳强度应能承受JB/T 5317—2007中附录B规定的耐冲击和跌落坚固性试验。

控制回路应有紧急停止按钮,紧急停止按钮应为自锁型。按钮装置应采用安全电压(≤50 V)。控制电动机正反转的开关(接触器或按钮装置)应采用机械或电气联锁。对于电器元件带有 50 V 以上电压的金属外露部分,宜用绝缘材料做适当的防护或遮挡。

防尘罩应表面光滑、不渗油、耐磨、不吸尘。

4.4.6 起升机构寿命

按照 JB/T 5317—2007 表 1 要求,根据机构工作级别选取名义载荷谱系数 K_m,当机构工作级别为 M1 时,取 $K_m=0.5$;当机构工作级别为 M2~M8 时,取 $K_m=1$,按照机构工作级别和所确定的名义载荷谱系数施加试验载荷,做循环升降运动。

试验运转时间应达到 JB/T 5317—2007 表 1 给出的相应的总使用时间。

寿命试验中,除起重链条和制动器(独立电磁制动器、安全制动器或含制动功能的电动机)外,不得更换任何零部件。试验后,所有磨损件(除起重链条和制动器外)应仍能继续使用。

参考文献

[1] 文豪.起重机械[M].1 版.北京:机械工业出版社, 2013.

[2] GB 6067.1—2010 起重机械安全规程第 1 部分:总则[S].北京:中国标准出版社, 2010.

[3] 成大先.机械设计手册:起重运输件 · 五金件(第 5 版)(单行本)[M].北京:化学工业出版社, 2010.

[4] 闻邦椿.机械设计手册 · 单行本:起重运输机械零部件和操作件(第 5 版)[M].北京:机械工业出版社,2015.

[5] 全国起重机械标准化技术委员会.起重机械标准汇编:起重机通用零部件[S].北京:中国标准出版社,2018.

[6] 全国起重机械标准化技术委员会.起重机械标准汇编:桥式和门式起重机[S].北京:中国标准出版社,2018.

[7] 白剑波,周奇才.欧式起重机设计[M].北京:中国铁道出版社,2015.

[8] 刘爱国, 雷庆秋,等.架型起重机质量检验[M].郑州:河南省科技出版社,2017.

[9] 宫本智.葫芦式起重机[M].天津:天津科学技术出版社,2009.

[10] GB/T 3811—2008 起重机设计规范 [S].北京:中国标准出版社,2008.

[11] GB/T 14405—2011 通用桥式起重机[S].北京:中国标准出版社,2011.

[12] GB/T 14406—2011 通用门式起重机[S].北京:中国标准出版社,2011.

[13] GB/T 6974.1—2008 起重机术语第 1 部分:通用术语[S]. 北京:中国标准出版社,2008.

[14] GB/T 783—2013 起重机械基本型的最大起重量系列[S]. 北京:中国标准出版社,2013.

[15] DB 41/T 1532—2018 桥式和门式起重机用轴承箱车轮组[S].河南省起重机械标准化技术委员会,2018.

[16] DB 41/T 1381—2017 洁净厂房用环链电动葫芦[S].河南省起重机械标准化技术委员会,2017.

[17] T/CPARK 2—2018 绝缘钢丝绳电动葫芦通用技术要求[S].长垣县起重装备制造行业协会,2018.

[18] DB 41/T 1381—2017 洁净厂房用环链电动葫芦[S].河南省起重机械标准化技术委员会,2017.

[19] DB 41/T 1674—2018 冶金钢丝绳电动葫芦技术要求[S].河南省起重机械标准化技术委员会,2018.

[20] 陈晋.水电站门式起重机的发展趋势[J].重工科技,1999(1):96-101.

[21] 童时中.模块化原理设计方法及应用[M] .北京:中国标准出版社,1999.

[22] 房师平.起重机卷筒的研究与探讨[J].现代制造技术与装备,2015(5):1-3.

[23] 刘刚.起重机卷筒制造关键工艺质量控制[J].有色设备, 2016(4)10-14.

[24] 周海滨. 淬火起重机起升卷筒的设计与检验[J].起重运输机械, 2014(12).

[25] 董达善.港口起重机[M] .上海:上海交通大学出版社,2014.

[26] 张树海.起重运输设备选用与维护[M].北京:冶金工业出版社,2013.
[27] 姚晓敏,梁昊.几种轴承箱结构在起重机支撑装置的运用比较[J].科技促进发展,2011年(S1).
[28] 闫峰.轨道车辆辗钢车轮制造技术[J].铁道机车车辆工人,2012(2).

后　记

常在网络上、参考文献中以及各种技术交流会、博览会等场合中见到起重机械的新设计、新结构、新材料和新工艺，但工作的琐碎使得记起这又忘却那，所以一直以来就在想，能整理下这些新的东西应该是个有意义的事情，终于下定决心后，便有了《桥架型起重机零部件先进制造技术》这本书。

在出版过程中，有很多的人、很多的事、很多的单位让我感动。

河南省是桥架型起重机械制造大省，尤其是长垣县产业相当集中，诞生了卫华集团、河南省矿山起重机械有限公司等企业，他们对技术的追求、对行业的发展倾注了大量的人力、物力，尤其是欧式起重机械设计思想的引进，先进制造流水线的改进，才使得河南起重行业异军突起，造就了“起重机械之乡”的名片。这些为我的著作的出版提供了第一手素材。没有他们，就绝对不可能有今天乃至将来我们系列桥架型起重机械著作的出版。

常有行业内人员询问我为什么长垣的起重机械行业发展得那么好，这个问题我也常常问自己，最后得出的结论是，当地政府营造的良好的营商环境（我不为他们颂歌，但长垣县的工作经历使得我深深感动）、北京起重运输机械设计研究院与河南省特种设备安全检测研究院等科研院所的技术支持、企业的自我革新力量以及遍布全国的营销队伍，众人拾柴火焰高。衷心感谢各方的大力支持。

本书在写作的时候，参考了行业内众多专家和企业的资料，包括《起重机械设计手册》等，在此一并表示感谢。